JN438838

유비온 경제학총서 ❶

문제풀이집

Economics 19판

새뮤얼슨의 경제학

유비온 금융경제연구소 편저

유비온

일러두기

본 문제풀이집은 문제를 제외한 해설만을 담고 있습니다.
문제는 〈새뮤얼슨의 경제학〉에서 확인하실 수 있습니다.

Economics 19판

문제풀이집

새뮤얼슨의 경제학

발 행 일 2015년 11월 1일 초판 1쇄
편 저 자 유비온 금융경제연구소
발 행 인 임재환
발 행 처 (주)유비온
등 록 제22-630호(2001.4.17)

주 소 서울시 구로구 디지털로 34길 27 대륭포스트타워 3차 601호
전 화 02-3782-8789, 8710 (위탁거래 문의)
02-3782-8788 (현매거래 문의)
팩 스 02-3782-8890 (위탁 및 현매거래)

ISBN 978-89-5863-446-1 93320
978-89-5863-445-4 94320(세트 : 전 3권)

차례

제 1 부
기본 개념

제1장 경제학의 핵심 개념들

새뮤얼슨의 경제학 [상권] : pp. 28~29

1.

현실에서 경제 문제에 대해 규범적 가치판단을 내릴 때, 실증적 경제 분석은 경험적 증거 등을 활용하여 경제 문제의 서로 다른 대안들의 결과에 대한 정보를 제공한다. 스승의 역할에 대한 마샬의 생각과 그의 인재상에 대해서는 각자 생각해 보자.

2.

실증 경제학(positive economics)은 분석과 경험적 증거를 통하여 경제에 관한 사실을 묘사하지만, 규범 경제학(normative economics)은 공정성, 즉 가치판단이 개입되는 문제를 묘사한다.

이 진술은 경제적 효율성을 위해서는 근로자에 대한 차별적인 보상 시스템이 필요하다는 가치판단을 내리고 있으므로 규범 경제학에 속한다.

3.

생산가능경계(생산가능곡선)는 어느 경제가 주어진 지식과 투입물의 양을 활용하여 효율적으로 생산할 수 있는 상품의 최대 산출량을 나타내는 그래프이다.

희소성이란 사람들의 욕망에 비해서 재화가 한정되어 있다는 뜻이다. 경제재가 희소하다는 것은 해당 재화가 드물다는 것이 아니라, 무상으로 차지하거나 누릴 수 없다는 것을 의미한다.

생산효율은 경제가 임의의 상품을 더 생산하려고 해도 다른 상품의 생산을 줄이지 않고는 불가능한 상태임을 말한다. 즉, 한 상품의 생산이 감소하지 않고는 다른 상품의 생산이 증가할 수 없는 상태이다. 이 상태에서 해당 경제는 생산가능경계 위에 위치하고 있다.

투입물은 생산과정에서 사용되는 재화와 서비스이다. 투입물을 생산요소라고도 칭한다. 예를 들어 버터를 생산하는 데 필요한 노동, 공장과 기계 등이 버터 생산에 필요한 투입물이라 할 수 있다.

산출물은 주어진 기술을 활용하여 투입물을 결합하는 생산과정의 결과로 얻게 되는 여러 가지 유용한 재화와 서비스이다.

4.

(생략)

5.

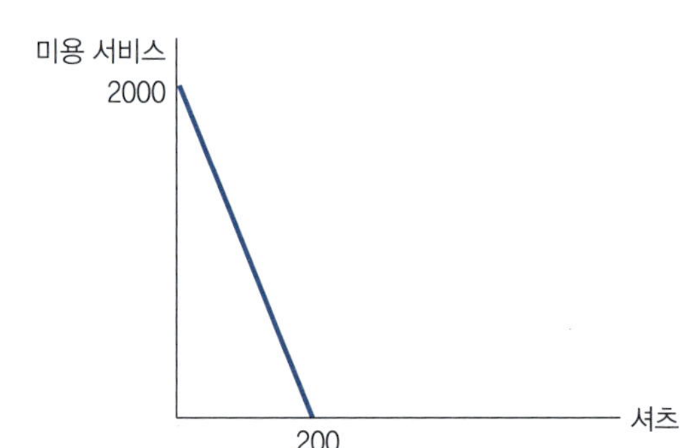

6.

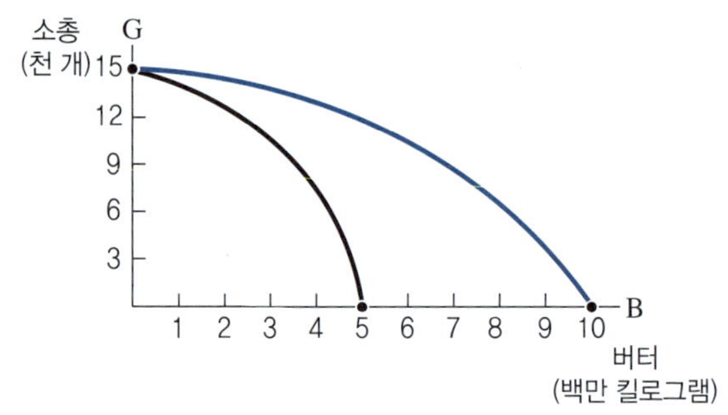

버터 제조에 투입되는 자원의 생산성이 두 배 높아지면 파란선으로 생산가능경계가 바뀐다. 즉, 소총 생산을 한 단위 줄일 때 생산할 수 있는 버터의 양이 두 배가 된다.

7.

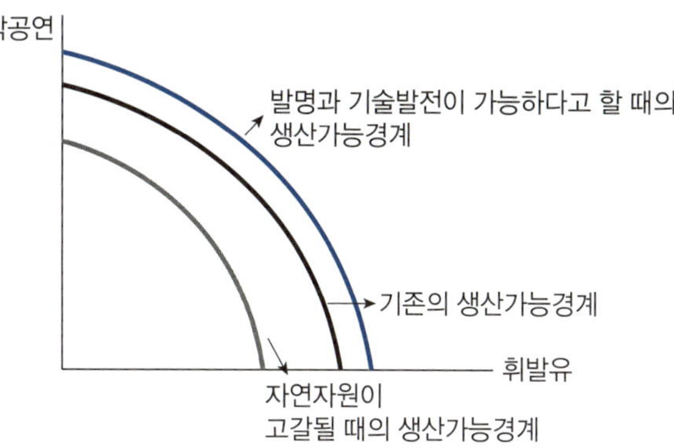

생산가능경계는 어느 경제가 주어진 지식과 투입물의 양을 활용하여 효율적으로 생산할 수 있는 상품의 최대 산출량을 나타내는 그래프이다.

만약 주어진 자연자원이 고갈되어도 기술수준은 일정하다고 하면, 이 경제의 산출량은 줄어들게 될 것이고, 따라서 생산가능경계는 안쪽으로 이동하게 된다. 하지만 발명과 기술진보가 가능하고, 그것이 자연자원 고갈의 효과를 상쇄시켜 산출물을 더 늘릴 수 있다면 생산가능경계는 밖으로 이동하게 될 것이다. 따라서 경제 성장은 자연 고갈과 발명이 산출량에 미치는 반대의 효과 중 어느 것이 더 크냐에 따라서 결정된다. 만약 자연 고갈의 속도가 더 빠르다면 경제 성장은 지연될 것이며 기술 진보의 속도가 더 빠르다면 경제 성장은 촉진될 것이다. 따라서 경제 성장은 자연 고갈과 발명 두 가지가 벌이는 경주라고 할 수 있다.

8.

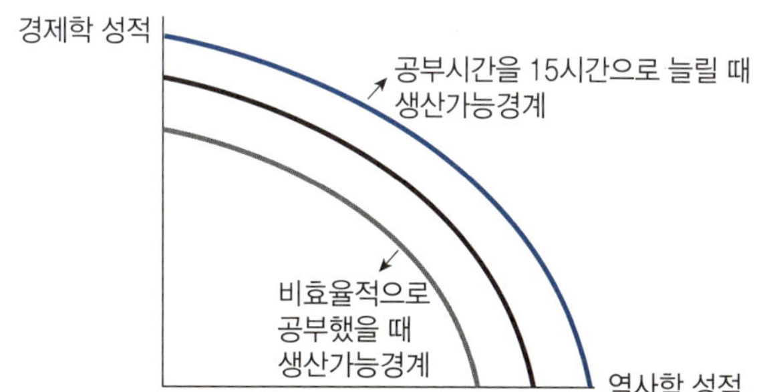

학구파가 10시간을 투자해 얻을 수 있는 두 과목의 성적을 표시한 생산가능경계는 검은색 그래프이다. 만일 학구파가 비효율적으로 공부한다면 생산가능 경계가 안쪽으로 이동한다. 만일 공부시간을 15시간으로 늘리면 생산가능경계는 바깥쪽으로 이동한다.

9.

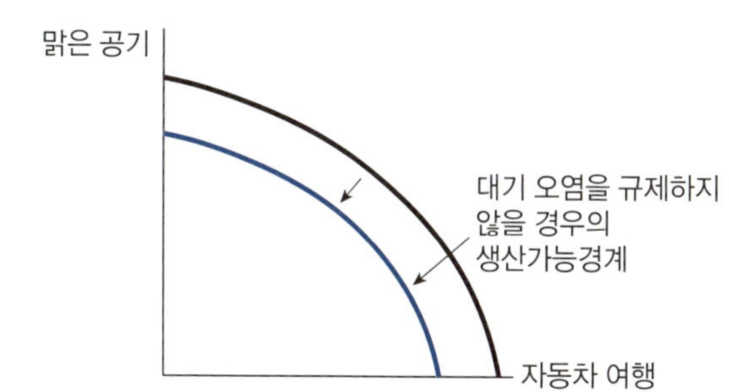

a. 다른 조건이 일정한 가운데 자동차가 유발하는 대기 오염을 규제하지 않는다면, 맑은 공기의 산출이 떨어진다. 또한 공기오염으로 인하여 자동차 여행의 산출이 떨어질 수 있다. 따라서 생산가능경계가 안쪽으로 위축된다.

b. 자동차 배기가스에 가격을 물리게 되면, 자동차 회사는 대기오염을 줄이고자 할 것이고 그렇다면 맑은 공기의 산출이 늘어나고 자동차 여행의 산출이 늘어날 것이다. 이렇게 부정적인 외부효과로 인하여 공해와 같은 재화가 사회적 최적 수준보다 많이 생산되는 것과 같은 시장실패가 발생하면 경제의 효율성이 저해된다. 이때 정부가 시장실패를 교정하면 산출량을 효율적인 수준으로 되돌릴 수 있다.

제 1 장 부록 : 그래프를 읽는 방법

새뮤얼슨의 경제학 [상권] : pp. 44~45

1.

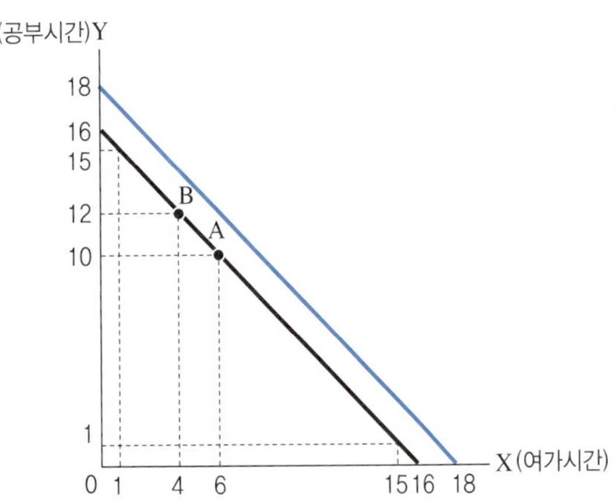

2.

1번 문제에서 공부 시간과 여가 시간의 관계를 보여주는 선은 직선이며, 기울기는 $\frac{\text{Y의 증가량}}{\text{X의 증가량}}$이므로 −1이다.

3.

(1번 그래프 참고) 6시간의 여가에 해당하는 점은 A, 4시간의 여가에 해당하는 점은 B이다.

4.

(1번 그래프 참고) 만약 잠을 더 줄여서 여가와 공부에 쓸 시간이 18시간으로 늘어나면 곡선이 오른쪽으로 이동한다(파란선 그래프).

5.

(생략)

6.

a.

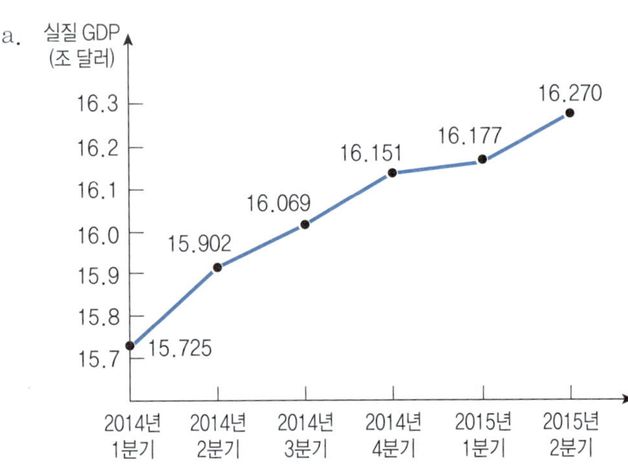

(출처 : http://www.bea.gov)

지난 여섯 분기의 실질 GDP를 시계열로 표시하면 위 그래프와 같다. 그래프가 우상향하기 때문에 일반적인 추세는 상승기조이다.

b.

수입과 국내 총생산 산포도

실질 국내 총생산(십억 달러): 16400, 16300, 16200, 16100, 16000, 15900, 15800, 15700, 15600, 15500, 15400

실질 수입(십억 달러): 2350, 2400, 2450, 2500, 2550, 2600, 2650, 2700

(출처 : http://www.bea.gov)

7.

a. 이 함수를 X에 대해 미분하면 $P' = -5$이다. 즉, $X = 0$일 때나 $X = 1$일 때 기울기는 모두 −5이다. 이와 같은 선형 수요곡선의 경우 수요곡선이 우하향한다는 법칙이 유효하기 위해서는 X의 계수가 음수여야 한다.

b. 이 함수를 X에 대해 미분하면 $P' = -20-2X$이다. 따라서 $X = 0$일 때 기울기는 -20, $X = 1$일 때 기울기는 -18이다. 그리고 이 이차함수에서 X^2의 계수가 양수이기 때문에 컵 모양으로 볼록하다.

8.

수요곡선이 a인 경우 $X = 10$일 때 한곗값은 -5이다. 즉, $X = 10$일 때 수요량이 한 단위 늘어나면 가격은 5만큼 떨어진다. 수요곡선이 b인 경우 $X = 10$일 때 한곗값은 -30이다. 즉, $X = 10$일 때 수요량이 한 단위 늘어나면 가격은 30만큼 떨어진다.

제2장 현대 혼합경제

새뮤얼슨의 경제학 [상권] : pp. 82~83

1.

우리나라의 경우 교육, 경찰, 의료보험 보장, 가전제품의 에너지 효율은 정치적 선택에 의해서 자원배분이 일어나며, 운송, 텔레비전 광고는 소비자 주권에 의해서 자원배분이 일어난다. 전자는 모두 긍정적인 외부효과를 가지고 있는 공공재와 관련이 있으므로 정부가 보조금을 주는 방식 등으로 개입한다. 후자의 경우 사유재이기 때문에 개인들의 수요와 공급에 의해서 자원배분이 일어난다.

2.

한정된 재화를 경매를 하여 분배한다면 그 재화를 가장 원하는 사람부터 배급받을 것이다. 따라서 이 경우에 재화를 배급 받는 사람들은 시장에 의해 자원을 분배하였을 때 재화를 받게 되는 사람들과 같다. 그러나 시장에 의해 배분할 경우에는 모두가 단일한 균형가격을 지불해야 하지만, 경매를 실시할 경우 재화를 구매하는 사람들은 지불할 용의가 있는 금액(유보금액)만큼을 모두 지불해야 한다. 따라서 소비자잉여가 없어진다.

물품배급표의 경우, 이것을 모두에게 일괄적으로 일정량만큼 지급하는 것이라면 분배의 과정 자체는 용이하다. 하지만 자원의 배분이 효율적으로 일어나지 않는다. 즉, 그 재화를 원하는 사람에게 자원 배분이 이루어졌는지 알 수 없다. 그렇게 되면 그 재화를 더 원하는 사람이 그 재화가 덜 필요한 사람에게 일정량의 대가를 지불하고 재화를 얻는 교환이 발생할 수 있다. 그 결과 두 사람이 모두 만족했다면, 이전의 상태는 비효율적이라 할 수 있다(두 사람 모두가 만족했다는 점이 중요하다).

선착순 배급을 하는 경우, 경매와 마찬가지로 가장 원하는 사람부터 재화를 배급받을 수 있게 된다. 하지만 만약 배급을 위한 가격을 임의적으로 형성하면, 가격이 너무 낮아 사람이 너무 많이 몰리거나 가격이 너무 높아서 사람이 적게 몰리는 일이 있을 수 있다. 전자의 경우, 혼란이 발생하여 거래비용이 증가하게 된다. 후자의 경우, 시장균형가격보다 가격을 높게 책정했기 때문에 시장을 통하여 자원을 배분했을 때보다 거래량이 줄어들 수 있다. 그렇다면 사회의 총 잉여가 감소하게 된다.

시장은 수요와 공급을 통하여 희소한 재화와 서비스를 배급한다. 시장에서는 구매자와 판매자가 서로 교류하면서 시장균형가격이 형성된다. 구매자가 많아지면 가격이 올라가서 높아진 가격만큼 지불할 용의가 있는 사람들이 재화를 얻게 된다.

3.

(생략)

4.

▶ 대기 오염을 제한하는 경우

(a) 공장에서 공해를 배출하지만 그 대가를 지불하지 않는다. 이렇게 부정적인 외부효과가 있는 경우 그 재화(여기서는 공해)가 과도하게 생산되므로 이를 제한하기 위하여 정부가 개입한다.

(b) 정부가 공해에 세금을 부과하는 정책을 실시할 수 있다.

(c) 정보의 부족과 이익집단의 압력으로 인하여 적절한 금액의 세금을 매기지 못할 수 있다. 이렇게 되면 대기오염이 사회적으로 효율적인 수준보다 더 많이 생산되거나 대기오염을 줄이는 비용이 대기오염 제한을 통해 얻는 이익보다 클 수 있다.

▶ 빈곤층 소득 지원

(a) 시장은 소득을 반드시 공정하게 분배하는 것은 아니기 때문에 소득의 불평등이 발생할 수 있다. 이러한 불평등의 정도가 지나치게 되면 정부가 개입하게 된다.

(b) 정부가 직접 빈곤층에게 돈을 지급해주는 이전지출을 실

시할 수 있다.

(c) 직접 현금을 지급하는 방식은 일하고자 하는 유인을 사라지게 만들어 오히려 빈곤 문제 해소의 비효율적인 방법이 될 수 있다.

▶ 전화 독점회사에 대한 가격 규제

(a) 전화 독점회사로 인하여 시장균형가격보다 높은 가격이 형성되어 산출량이 효율적인 수준 밑으로 떨어졌다.

(b) 전화 독점회사에 대해 가격 규제를 실시한다.

(c) 정확한 정보의 부족이나 이익집단의 압력으로 인해서 가격을 적정한 수준으로 규제하지 못하게 될 수 있다. 그리하여 가격이 너무 높게 형성되면 규제의 효과가 없을 수 있다.

5.

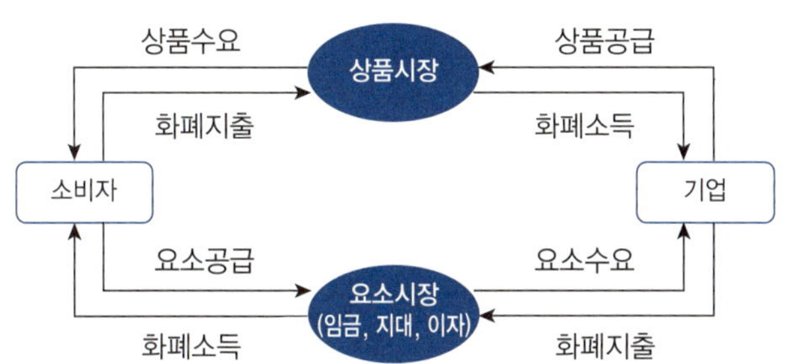

돈이 순환하는 흐름에서 화폐는 지불수단으로서 상품과 생산요소의 교환을 원활하게 해주는 윤활유 역할을 한다.

6.

(생략)

7.

(생략)

8.

보건의료, 국방, 자연자원 및 환경, 외교와 관련된 지출의 경우, 정부가 외부효과와 같은 시장실패를 보완하여 효율성을 증대시키는 역할과 관련되어 있다. 정부는 보건의료, 국방, 외교와 같이 긍정적인 외부효과를 가진 공공재를 생산하고 공해와 같은 부정적인 외부효과를 줄이기 위한 정책을 실시한다. 한편, 사회보장, 소득지원 항목은 정부가 소득의 불평등한 분배를 완화시키는 역할과 관련되어 있다. 시장은 자원을 불평등하게 배분할 수 있다. 사회 불평등의 정도가 심각해져 정치나 윤리적 차원에서 용납하기 어려울 경우 정부가 나서서 소득 재배분을 위한 정책을 실시한다.

9.

(a)의 경우, 개인이 직접 국방지출을 줄일 수는 없고, 또한 납세의 의무는 준수해야하기 때문에 투표와 같은 민주적인 절차를 통해서만 저항을 할 수 있다. (b)의 경우도 과다한 통행료가 부과되는 도로를 이용하지 않을 수 없다면, 민주적인 절차를 통해서만 저항할 수 있다. (c)의 경우는 항공편의 요금이 비싸다면 그것을 구입하지 않음으로써 저항을 할 수 있다. 그렇게 되면 수요–공급의 법칙에 따라 가격이 조정될 것이다. 이와 같이 (a)와 (b)처럼 정부가 세금을 걷어서 공급하는 공공재의 경우 민주적인 절차를 통해서만 가격에 대한 저항을 표출할 수 있기 때문에, 민주적인 절차를 실현시키기 위한 대의권이 필요하다. 따라서 공공재에 있어서는 "대의권 없는 과세에 반대한다"는 말이 의미가 있다. 하지만 사유재의 경우, 불매행위를 통하여 가격에 저항을 할 수 있으므로 위의 말은 의미가 없다.

제3장 공급과 수요의 기본 요소

새뮤얼슨의 경제학 [상권] : pp. 113~114

1.

a. 다른 조건이 일정하다면, 어떤 상품의 시장가격과 수요량 사이에는 분명한 관계가 존재한다. 이와 같은 가격과 수요량 사이의 관계를 수요계획 혹은 수요곡선이라고 부른다. 이 수요곡선이 우하향하는 모양을 가진다는 속성을 수요곡선의 우하향 법칙이라고 부른다. 즉, 가격이 증가하면 그 상품에 대한 수요량이 감소한다는 것이다. 실생활의 거의 모든 상품에서 그 예를 확인해 볼 수 있다.

b. 어떤 상품의 공급계획 혹은 공급곡선은 다른 조건이 일정할 때 그 상품의 시장가격과 그 생산자들이 생산해 판매하고자 하는 수량의 관계를 나타낸다. 공급이 증가한다는 것은 모든 가격에서 공급자들이 공급하고자 하는 양이 증가한다는 것으로, 같은 가격대에서 이전보다 더 많은 공급량을 나타내는 점으로 옮겨가게 된다. 따라서 공급의 증가는 공급곡선의 오른쪽 혹은 아래쪽 방향 이동으로 나타난다. 수요의 증가 역시 모든 가격대에서 소비자들이 소비하고자 하는 양이 증가함을 뜻하므로 수요곡선이 오른쪽으로 이동함을 뜻한다. 이를 그래프로 나타내 보면 공급의 증가와는 달리 오른쪽, 즉 위쪽 방향 이동으로 나타난다.

2.

햄버거의 수요를 증가시킬 요인으로는 사람들의 소득의 증가, 인구의 증가, 햄버거를 즐기는 사람들의 증가, 대체재인 피자의 가격 상승 등이 있다.

햄버거의 공급을 증가시킬 요인으로는 햄버거 제조 기술의 발전, 햄버거 고기 패티의 가격 하락 등이 있다.

저렴한 냉동피자의 등장은 햄버거의 대체재인 피자가 낮은 가격에 공급되는 것을 의미하기 때문에 햄버거의 수요를 낮추는 역할을 한다. 햄버거의 수요곡선이 왼쪽으로 이동하면 햄버거의 가격과 균형거래량이 모두 감소한다. 이는 맥도널드 햄버거에 투입되는 노동의 가격에도 영향을 미친다. 햄버거의 균형거래량이 줄어들기 때문에 맥도널드 매장의 노동수요가 줄어서 10대 근로자의 임금이 하락하게 된다.

3.

현재 가격이 균형가격보다 높은 상태에 머무르는 경우, 기업은 소비자가 원하는 수요량보다 더 많은 양을 공급하고자 하기 때문에 물량과잉이 일어난다. 시장에 팔고자 하는 사람이 사고자 하는 사람보다 많으니 가격은 떨어지게 될 것이다. 반대로 현재 가격이 균형가격보다 낮은 상태에 위치한다면 이번에는 수요량이 공급량을 초과할 것이다. 이러한 물량부족으로 균형가격으로 상승하려는 힘이 생긴다. 결국 가격은 균형가격에 도달하며, 일단 도달하면 가격은 더 이상 오르거나 내려가려는 경향이 생기지 않는다.

4.

a. 커피 가격이 상승할 것이다. 한파가 몰아닥쳐 커피재배가 제대로 이루어지지 않으면 공급이 감소하여 공급곡선이 왼쪽으로 이동한다. 따라서 균형가격은 상승하게 된다.

b. 미국의 의류 가격은 높아질 것이다. 미국의 섬유제조업자들을 보호하기 위해 중국 의류 수입에 대한 제한 정책을 실시하거나 과세를 한다면 전체적인 의류 공급곡선은 왼쪽으로 이동한다. 따라서 균형가격은 상승하게 된다.

c. 수요가 빠르게 증가하고 있기 때문에 대학등록금이 증가하고 있는 것이다. 시간이 갈수록 고등교육에 대한 필요성이 높아짐에 따라 대학교육에 대한 수요곡선이 오른쪽으로 빠르게 이동하고 있다. 이에 따라서 균형가격과 균형거래량이 모두 증가하고 있는 것이다.

d. 마약의 가격은 오를 것이다. 정부가 마약 거래를 금지하거나 높은 세금을 부과하여 마약의 공급곡선이 왼쪽으로 이동하게 된다면 마약의 가격은 상승한다.

5.

a. 수요의 증가는 일반적으로 가격을 높이고, 공급량을 증가시킨다.

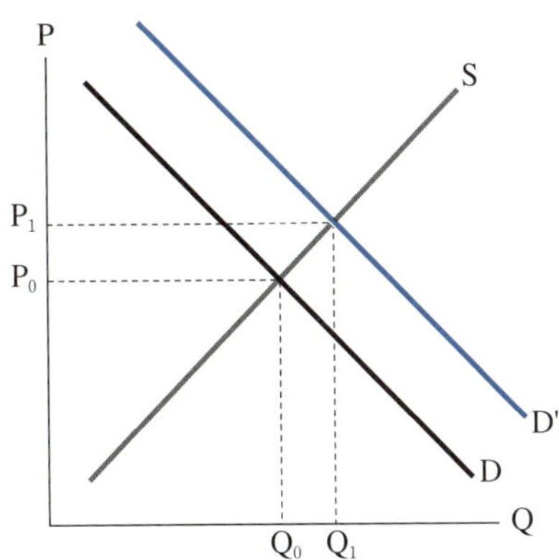

b. 수요의 감소는 일반적으로 가격을 떨어뜨리고, 공급량을 감소시킨다.

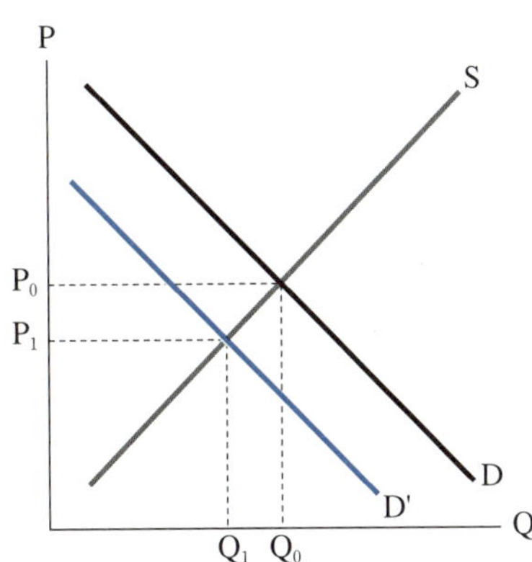

c. 공급의 증가는 일반적으로 가격을 떨어뜨리고, 수요량을 증가시킨다.

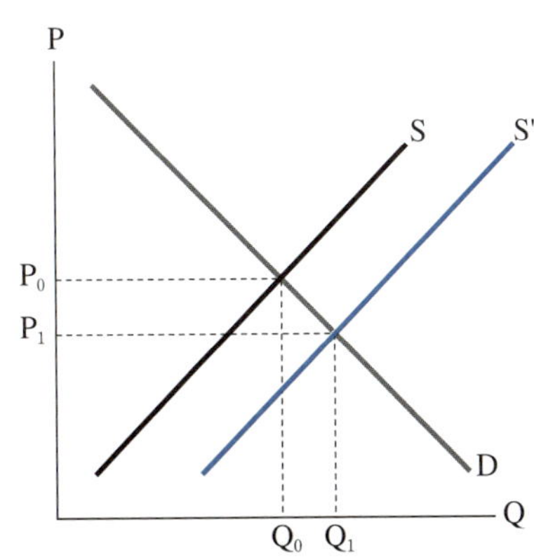

d. 공급의 감소는 일반적으로 가격을 높이고, 수요량을 감소시킨다.

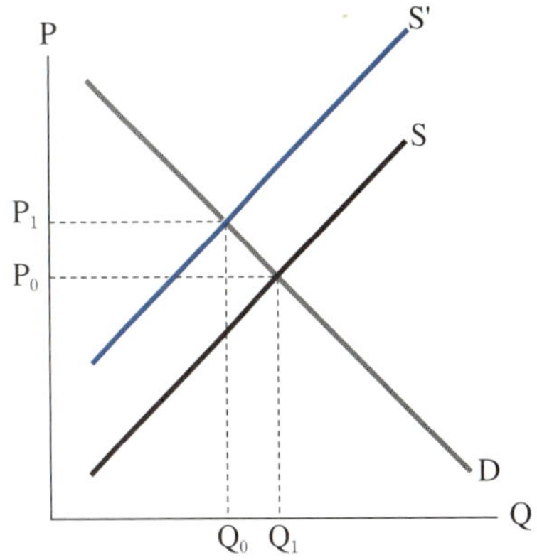

6.

a. 군화의 수요량이 증가한다. 군비 지출의 증가로 군화에 대한 수요가 증가하여 수요곡선이 오른쪽으로 이동한다. 따라서 가격이 상승하고 수요량이 증가하게 된다.

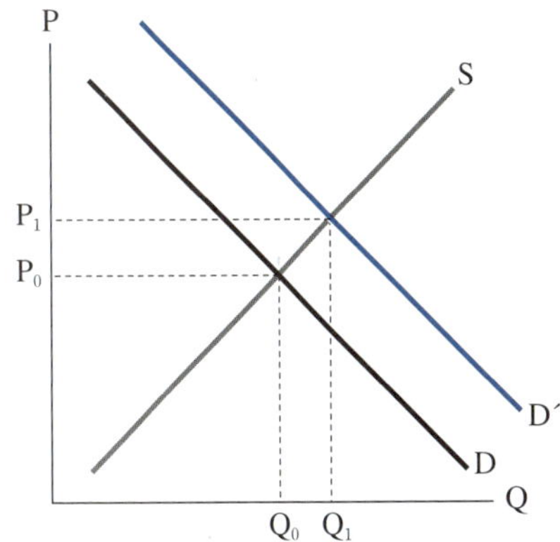

b. 생선 수요량이 감소한다. 금요일에 육류식사가 가능해져 생선에 대한 수요가 감소하여 수요곡선이 왼쪽으로 이동한다. 따라서 가격이 하락하고 수요량이 감소하게 된다.

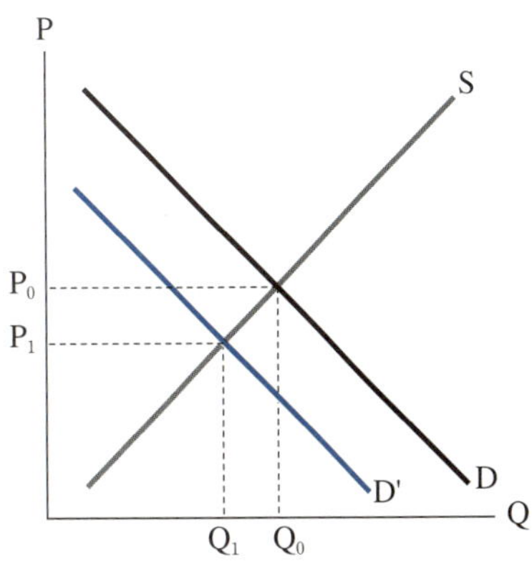

c. 휘발유의 수요량이 감소한다. 휘발유세 증가로 인해 휘발유의 공급이 감소하여 공급곡선이 왼쪽으로 이동한다. 따라서 가격이 상승하고 수요량이 감소하게 된다.

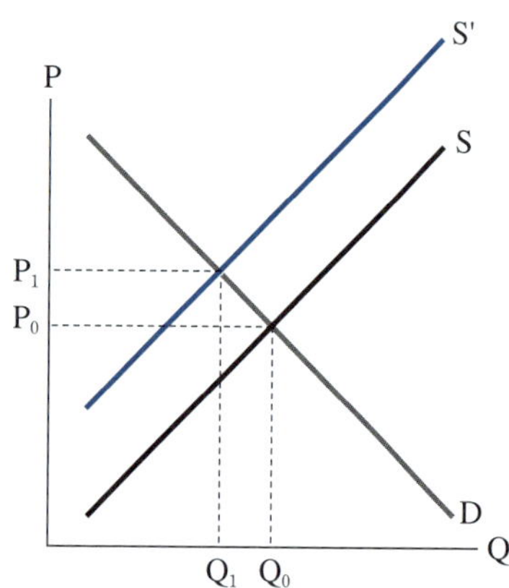

d. 노동의 수요량이 감소한다. 흑사병으로 노동의 공급이 급격하게 줄어 공급곡선이 왼쪽으로 이동한다. 따라서 임금은 상승하고 수요량이 감소하게 된다.

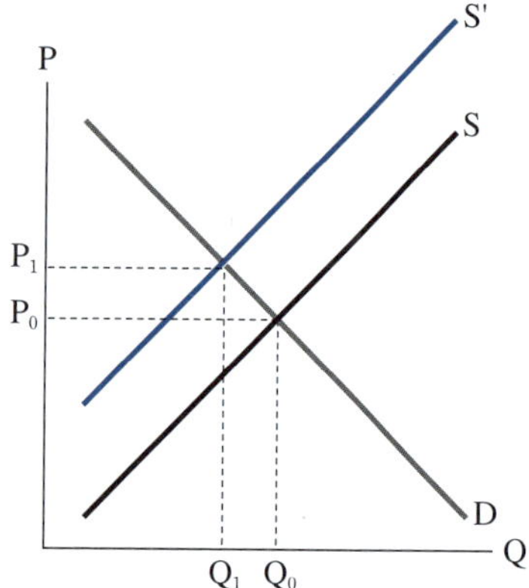

7.

a. 운송비용이 감소함에 따라 휘발유 공급이 증가하여 공급곡선이 오른쪽으로 이동하였다. 따라서 가격은 하락하고 수요량은 증가한다.

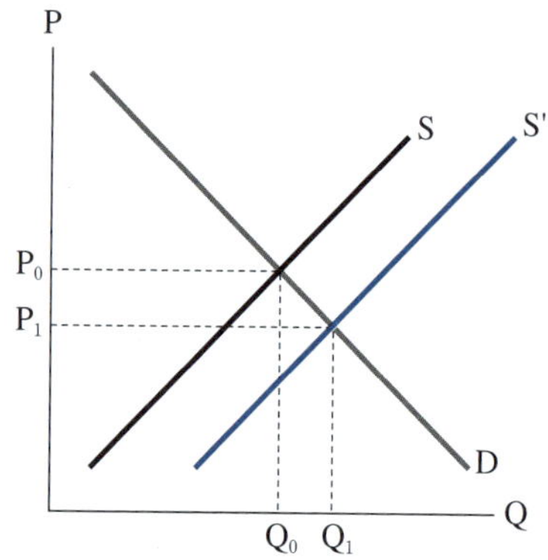

b. 석유생산이 줄어듦에 따라 휘발유 공급이 감소하여 공급곡선이 왼쪽으로 이동하였다. 따라서 가격은 상승하고 수요량은 감소한다.

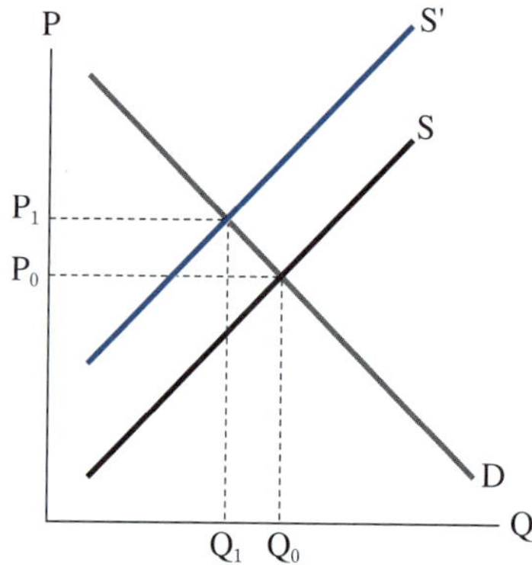

c. 기술발전 덕분에 소형차의 갤런당 운전거리 지표값이 향상되었으므로 휘발유 수요가 감소하고 수요곡선이 왼쪽으로 이동하였다. 따라서 가격은 하락하고 수요량도 감소한다.

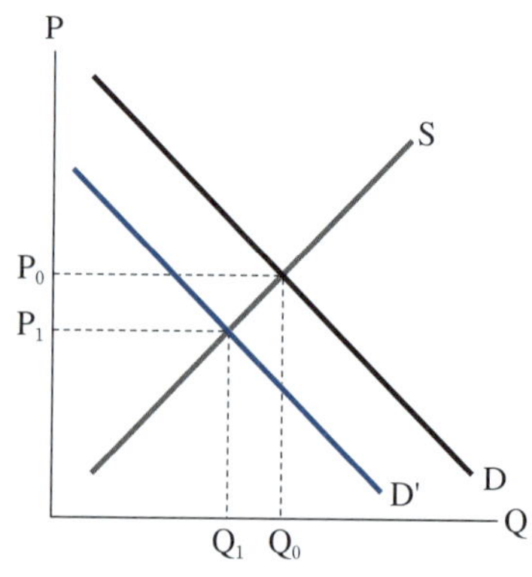

d. 난방유 수요가 증가하여 수요곡선이 오른쪽으로 이동하였다. 따라서 가격이 증가하고 수요량도 증가한다.

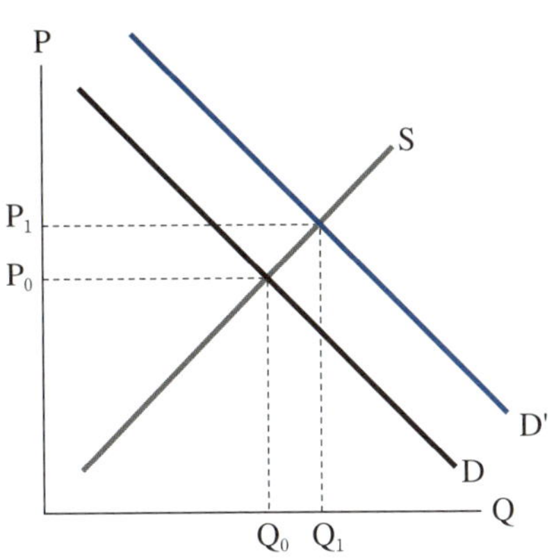

e. 경제성장이 빨라져 석유에 대한 수요가 증가하여 수요곡선이 오른쪽으로 이동하였다. 따라서 가격이 증가하고 수요량도 증가한다.

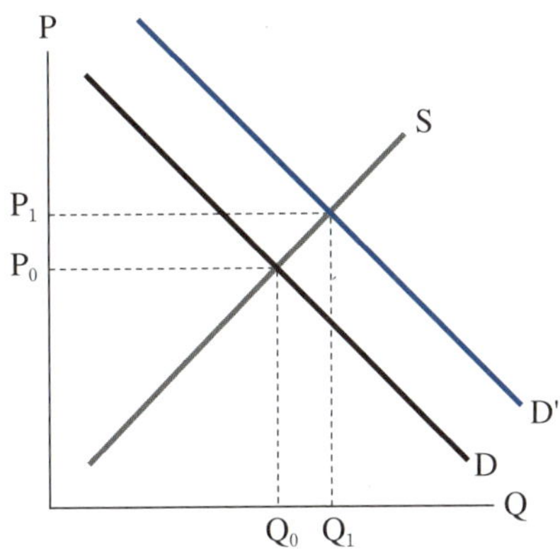

8.

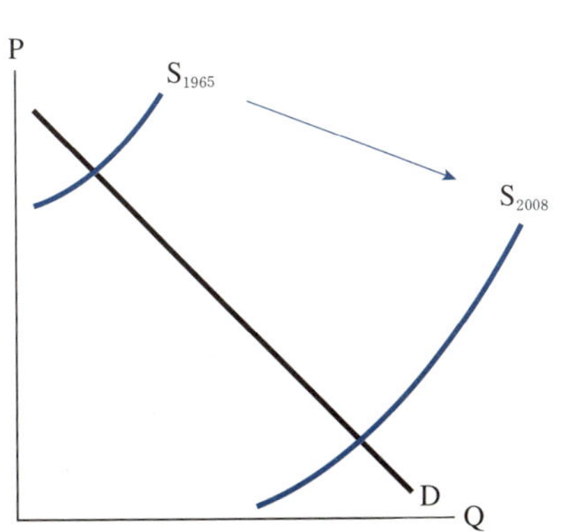

〈그림 3-3〉의 그래프는 컴퓨터의 가격이 하락하면 컴퓨터 생산량이 증가하는 데이터를 보여주고 있다. 따라서 이것은 수요곡선과 유사하다.

만약 이 기간 동안 수요곡선이 변하지 않았다고 한다면 1965년도와 2008년도의 공급곡선은 위 그래프와 같은 모습을 가져야 이 기간 동안 공급이 지속적으로 증가해 온 것을 설명할 수 있다. 즉, 지속적인 공급 증대가 이 기간 동안의 가격의 하락과 생산량의 증대를 설명할 수 있다. 이러한 공급 증대는 컴퓨터의 생산자동화를 통한 생산비용 하락, 컴퓨터에 사용되는 부품들의 가격 하락 등으로 인해 가능했을 것이다.

9.

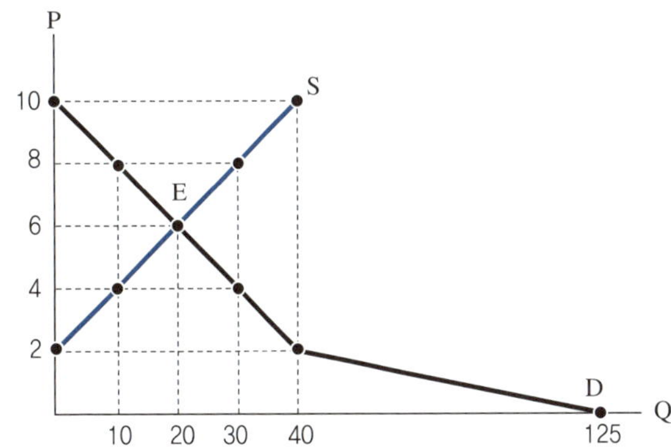

균형가격은 6달러, 균형수량은 20개이다.

각 가격 수준마다 피자수요가 세배로 늘어나면 수요곡선은 더욱 평탄하게 눕는 모양이 되며, 균형가격은 8달러, 균형수량은 30개가 된다.

처음에 피자를 4달러에서부터 공급한다면 수요량은 30개, 공급량은 10개이므로 초과수요가 있기 때문에, 가격은 상승 압력을 받아 균형가격인 6달러로 수렴하게 된다.

제 2 부

미시경제학 :
공급과 수요, 그리고 상품시장

제4장 공급과 수요 : 탄력성과 그 응용

새뮤얼슨의 경제학 [상권] : pp. 150~151

1.

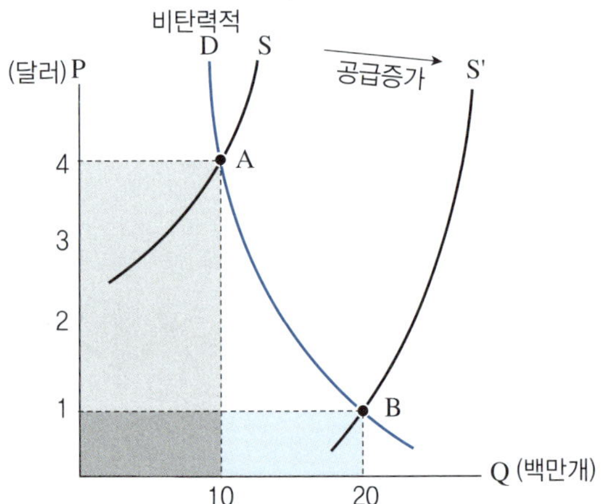

식품의 수요는 대체로 가격에 비탄력적이다. 필수재인 식품은 가격변화에 따른 소비량의 변화가 작기 때문이다. 예를 들어 설명해 보면, 풍작으로 인한 공급의 증가($S \rightarrow S'$)로 A점에서 B점으로 이동할 때, 가격이 4달러에서 1달러로 떨어지는 반면 총 거래량은 10(백만개)에서 20(백만개)으로만 증가하게 된다. 따라서 농부의 총 수입은 A점 좌측 아래의 직사각형 면적인 4,000만 달러에서 B점 아래의 면적인 2,000만 달러로 감소하게 된다. 즉, "풍작은 일반적으로 농민들의 소득을 떨어뜨린다."

2.

- (향수, 소금) : 향수가 더 탄력적이다. 소금이나 쌀 같은 생활 필수품들은 향수같은 사치재보다 가격탄력성이 훨씬 작다. 가격의 변동에 따라 소비를 포기할 수 있는 성격의 상품이 아니기 때문이다.
- (페니실린, 아이스크림) : 아이스크림이 더 탄력적이다. 위의 경우와 마찬가지로 페니실린은 아이스크림과 달리 가격의 변동에 따라 소비를 포기할 수 있는 성격의 상품이 아니기 때문이다.
- (자동차, 자동차의 타이어) : 자동차가 더 탄력적이다. 가격변화가 있을 때 자동차의 경우 소비행태를 바꿀 여유가 더 존재한다. 자동차라는 상품의 성격상 가격이 오른다면 소비를 유보하고 가격이 하락하기를 기다릴 수 있다. 그러나 소모품인 자동차 타이어의 경우 당장 타이어가 필요한 상황에서 가격이 올랐다고 소비를 포기하기는 쉽지 않다. 따라서 타이어 수요는 비탄력적일 것이다.
- (아이스크림, 초콜릿 아이스크림) : 초콜릿 아이스크림이 더 탄력적이다. 상품을 더 넓게 정의할 때 일반적으로 가격탄력성이 더 작다. 예를 들어 초콜릿 아이스크림의 가격이 상승하면 바닐라 아이스크림으로 수요가 옮겨 가 초콜릿 아이스크림에 대한 수요는 줄지만, 그러한 수요이전이 생겨도 아이스크림 전체로 보면 수요변동이 없다. 따라서 아이스크림 전체로 측정한 가격탄력성은 훨씬 작은 값이 된다.

3.

'가격 비탄력적이다.'로 수정한다. 가격의 변화율보다 수요량의 변화율이 작기 때문이다.

4.

a. 소비자의 소득이 증가한다.

→ 소비자의 소득이 증가하면 아파트 시장에서의 수요가 증가하므로, 수요곡선이 오른쪽으로 이동한다. 따라서 균형수량은 증가하고 균형가격도 증가한다.

b. 아파트 임대료에 월 10달러의 세금을 부과한다.

→ (소비자에게 부과되었다고 할 때) 소비자의 입장에서는 아파트 임대료가 10달러씩 비싸지는 것이기 때문에 수요가 감소한다. 이 때 균형가격은 기존 균형가격 a와 a-10 사이에서 형성되는데, 이는 소비자에게 부과된 세금의 일부가 공급자에게도 전가되기 때문이다. 예외적으로 공급이 완전탄력이거나 수요가 완전 비탄력이라면 모든 세금은 소비자에게 귀착된다. 두 경우 모두 균형수량은 감소한다.

c. 아파트 임대료는 월 200달러를 초과할 수 없다는 정부 규제가 발효됐다.

→ 기존 균형가격이 월 200달러 이하였다면 아무런 변화가 없다. 그러나 기존 균형가격이 월 200달러 이상이었다면, 균형가격을 억지로 낮춤으로 인해 공급량이 줄고 초과 수요가 발생하며 물량이 부족해진다. 균형수량은 감소하고 균형가격은 상한가격이 된다. 그러나 시장청산이 이루어지지 않았기 때문에 밀거래나 웃돈을 주고 사는 경우가 생길 수도 있는데, 이때는 오히려 균형가격이 더 상승할 수도 있다.

d. 건축공법의 혁신으로 아파트 건축비용이 절반으로 떨어졌다.

→ 아파트 건축비용이 떨어지면 같은 비용으로 더 많은 공급이 가능하므로 공급이 증가하여 공급곡선이 오른쪽으로 이동한다. 따라서 균형가격은 하락하며 균형수량은 증가하게 된다.

e. 건설 노동자의 임금이 20% 상승했다.

→ 아파트를 건축하는 비용을 구성하는 임금이 상승했으므로 아파트 공급곡선이 왼쪽으로 이동한다. 따라서 균형가격은 상승하며 균형수량은 감소하게 된다.

5.

(생략)

6.

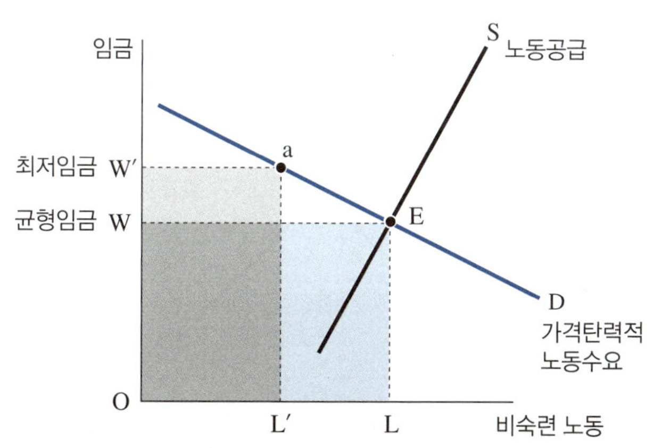

정부는 가끔 가격의 하한선이나 상한선을 법률로 정함으로써 시장을 직접 통제하고자 한다. 하지만 이는 시장에서의 큰 경제적 왜곡을 초래하는 섣부른 행동일 수 있다. 최저임금의 경우 균형임금보다 높은 곳에서 최저임금을 설정함으로써 노동의 공급과잉과 수요부족을 초래한다. 또한 높은 금리를 규제한다는 명목으로 금리상한선을 설정하여 자본 공급의 부족과 수요의 과잉을 불러오기도 한다.

이러한 부족과 과잉으로 인한 경제적 왜곡 때문에 종종 경제적 약자를 보호한다는 본래의 목적마저 달성하지 못하기도 한다. 만약 비숙련 노동에 대한 수요가 가격 탄력적이라면 최저임금제도는 오히려 비숙련 노동자의 총소득을 감소시킬 수 있다. 그래프를 참고해서 보면, 최저임금제도 실시 전의 비숙련 노동자의 총소득은 사각형 WELO만큼이다. 하지만 최저임금제도 실시 후의 비숙련 노동자의 총소득은 그보다 작은 사각형 W′ aL′ O만큼이다.

7.

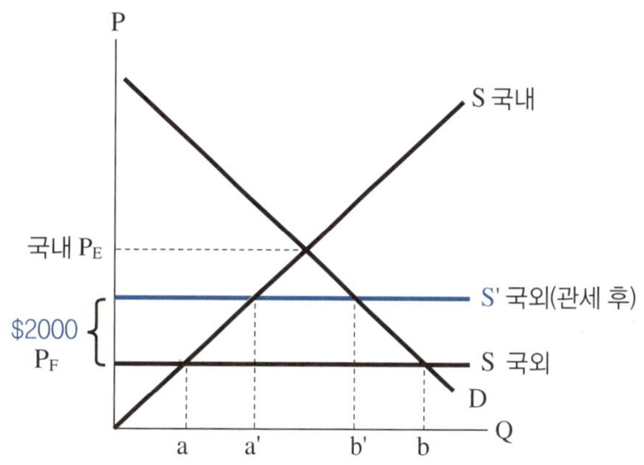

그래프와 같은 상황처럼 관세를 매기기 이전에 국내 자동차보다 가격적으로 우위에 있는 자동차들이 수입된다면, 균형가격은 수입자동차의 가격인 P_F에 맞춰지며 자동차 거래 균형수량은 b가 된다. 이 때 전체 균형수량인 b 중 a만큼은 국내 자동차 기업이 공급하고 나머지 a~b는 해외 자동차 기업이 공급하게 된다.

수입자동차에 2000달러의 관세를 매기고 난 뒤에는 균형가격은 $P_F^{'}$ + 2000달러로 증가하며, 자동차에 대한 수요량도 줄어 균형수량은 b'가 된다. 이 때 전체 균형수량인 b' 중 a'만큼은 국내 자동차 기업이 공급하고 나머지 $a' \sim b'$만큼은 해외자동차 기업이 공급하게 된다.
(수입자동차에 2000달러의 관세를 매긴 후의 가격이 개방 이전의 국내 자동차 균형가격인 P_E보다 비싸지게 되면, 더 이상 국내에서는 수입자동차를 수요하지 않게 되고, 결국 국내 자동차의 모든 공급은 다 국산 자동차 산업에 의해 이루어지게 된다.)
이런 분석을 통해 보면, 관세를 부과했을 시 국내 자동차 산업이 더 많은 자동차를 더 높은 가격에 판매할 수 있으므로, 국내 자동차 산업측에서는 관세정책을 환영할 수 밖에 없을 것이다.

8.

a. 석유 공급이 가격에 완전히 비탄력적이므로 공급곡선이 수직인 상황이다. 이때는 공급이 5% 감소한다면 균형거래량(수요량)도 정확히 5% 감소하게 된다.
한편, 수요의 가격탄력성은 0.05, 즉 수요량의 변화율/가격의 변화율 = 0.05이다. 수요량의 변화율이 5%이므로 가격의 변화율은 100%임을 알 수 있다. 따라서 원래 석유가격인 100달러에서 100%가 증가하여 석유가격은 200달러가 되며, 석유거래량은 5%가 감소하게 된다.

b. (계산생략) 탄력성은 P와 Q의 변화율에 따른 값이기 때문에 단위와 무관하다.

c. 창수의 수요함수는 $Q = 10/P$, 영희의 수요함수는 $Q = 10$으로 정리할 수 있다. 이 때 P가 변화한다면 창수의 수요량은 P의 변화율과 동일한 정도로 변화할 것이기 때문에 창수의 가격탄력성은 1이고, 영희의 수요량은 P의 변화와는 무관하게 10으로 유지될 것이기 때문에 영희의 가격탄력성은 0이다.

d. 돼지를 죽여 생산을 줄이면 공급곡선이 위쪽 방향으로 이동하게 된다. 돼지고기는 식품이므로 수요가 비탄력적이기 때문에, 생산이 줄어들면 가격이 높아질 뿐 아니라 농민들의 총수입도 늘어나게 된다. 이것은 풍작의 역설과 관련하여 생각해보면 된다.

e.

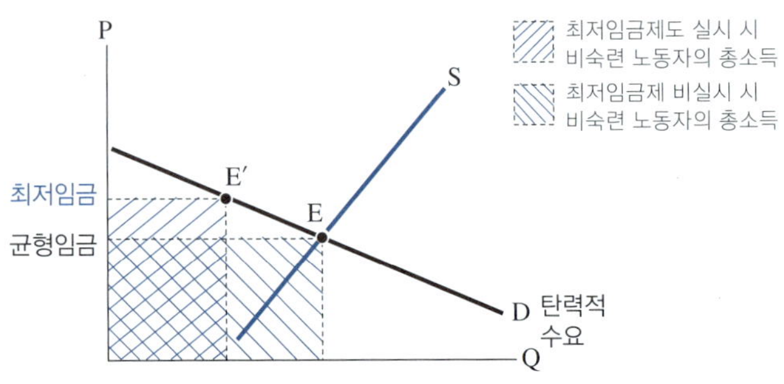

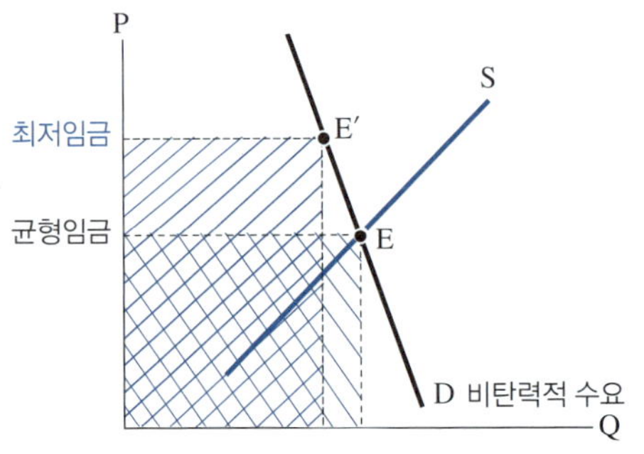

비숙련 노동에 대한 수요의 가격탄력성에 따라 비숙련 노동자의 총소득의 대소가 다르다.
수요가 탄력적이라면 최저임금제를 적용하지 않을 때의 총 소득 직사각형이, 수요가 비탄력적이라면 최저임금제를 적용할 때의 총 소득 직사각형이 반대의 경우보다 더 크다.

9.

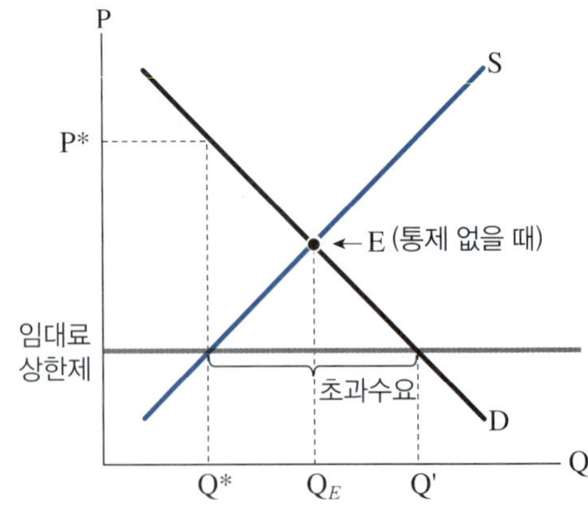

a. 균형가격 아래로 임대료를 통제할 경우, $Q^*\sim Q'$ 만큼의 초과수요가 생기고, 그로 인해 오히려 웃돈을 주고 P^*의 가격에서 거래가 이루어지기도 한다.

b. 공실률이란 임대 건물에 있어 비어있는 비율을 뜻하는데, 임대료를 통제할 경우 통제가 없었을 때의 균형거래량인 Q_E보다 거래량이 줄어들어 Q^*가 되므로 공실률이 증가하게 된다. 임대를 놓아봤자 손해라며 차라리 빈집으로 두는 집주인이 늘어나는 것이다.

c. 가격이 시장을 조정하는 기능을 잃음으로써 집주인이 임대인을 '선택'하는 힘을 갖게 된다. 미국의 경우 임대로 상한제로 인해 집주인이 줄지어 선 수요자 중 저소득층과 유색인종 계열에게는 임대를 주지 않고자 했던 전례가 있다.

d. 수요보다 공급이 훨씬 적어짐에 따라 공급자는 더 이상 자신의 부동산을 수리하고 꾸며 수요자들에게 잘 보여야 할 이유가 사라진다. 따라서 건물은 점점 노후화되고 더러워지며, 이러한 상황에도 불구하고 수요자들은 끊임없이 이런 집이라도 수요하게 된다.

10.

(생략)

11.

a. $Q = a-bP$인 직선 수요곡선의 점(P_0, Q_0)의 탄력성은 다음과 같다.

$E_D = \dfrac{\Delta Q/Q_0}{\Delta P/P_0} = \dfrac{\Delta Q}{\Delta P} \times \dfrac{P_0}{Q_0} = b \times \dfrac{P_0}{Q_0}$, $b = 2$이므로

대입하면 $E_D = 2\left(\dfrac{P_0}{Q_0}\right)$이다.

$P = 1$일 때, $Q = 98$, $E_D = \dfrac{1}{49}$

$P = 25$일 때, $Q = 50$, $E_D = 1$

$P = 49$일 때, $Q = 2$, $E_D = 49$

b. 탄력성은 b, 즉 기울기만 같다고 일치하는 것이 아니라, P와 Q의 값에 따라서도 달라지기 때문이다.

제5장 수요와 소비자 행동

새뮤얼슨의 경제학 [상권] : pp. 182~183

1.

효용이란 재화나 서비스를 소비함으로써 얻는 만족이다. 특히 갖가지 재화와 서비스를 놓고 소비자들이 매기는 순위를 의미한다. 한편, 한계효용이란 다른 상품은 일정하게 소비하고 있을 때 어느 상품을 한 단위 더 소비할 때 얻는 추가적 효용을 뜻한다. 이 한계효용은 보통 체감하는데, 즉 어느 상품의 소비량이 증가할수록 그 상품의 한계효용이 감소함을 뜻한다. 처음에 콜라 한 병을 마시면 시원하지만 콜라를 3병, 5병, 50병 마심에 따라 콜라를 마시기가 싫어지는 것을 떠올리면 되겠다. 이 한계효용은 총 효용과도 관련이 있는데, 상품을 일정량 소비해서 얻는 총 효용은 그만큼 소비할 때까지 발생한 한계효용을 합한 것과 같음을 쉽게 알 수 있다.

2.

톰이 합리적인 소비자라면 만족을 극대화하기 위해 한곗값 균등의 원리에 따라 소비를 하였을 것이다. 그것에 따르면 $\frac{MU_{햄버거}}{2} = \frac{MU_{콜라}}{0.5} = \frac{MU_{피자}}{1}$이므로, 톰에게 있어 8번째 콜라의 MU를 a라고 보았을 때 2번째 소비한 햄버거의 MU는 $4a$, 8번째 소비한 피자의 MU는 $2a$가 된다. 핫도그는 하나도 소비하지 않았으므로 핫도그의 한계효용은 핫도그의 가격인 1.5달러보다 작다.

3.

대체재 : 양고기-돼지고기 / 항공여행-버스여행 / 텔레비전-라디오

보완재 : 맥주-담배

독립재 : 택시-책 / 케첩-껌

양고기의 가격이 오른다면 대체재인 돼지고기의 수요가 증가하여 수요곡선이 오른쪽으로 이동한다.

소득이 증가할 때 소득탄력성이 높은 항공여행은 수요가 늘어나 수요곡선이 오른쪽으로 이동할 것을 예상할 수 있다. 따라서 항공여행의 균형거래량이 늘어나게 된다. 버스여행 역시 정상재이므로 소득 증가 시 수요가 늘어날 것을 예상할 수 있다. 그러나 항공여행보다 소득탄력성이 낮다면, 항공여행의 수요증가 폭 보다는 작을 것이다.

4.

모든 상품의 한계효용이 같아지는 것이 아니라, 소비하는 상품의 '마지막 1원어치의 한계효용'이 상품마다 같아질 때 만족이 가장 커지는 것이다. 따라서 다음과 같이 식으로 표현할 수 있다.

$$\frac{M_1}{P_1} = \frac{M_2}{P_2} = \cdots\cdots = \frac{M}{\text{소득의 단위금액}}$$

5.

(생략)

6.

스키일 수	1일	2일	3일	4일	5일	6일
한계효용	\$70	\$40	\$36	\$30	\$20	\$0

균형가격 : 40달러, 균형일수 : 200만 일

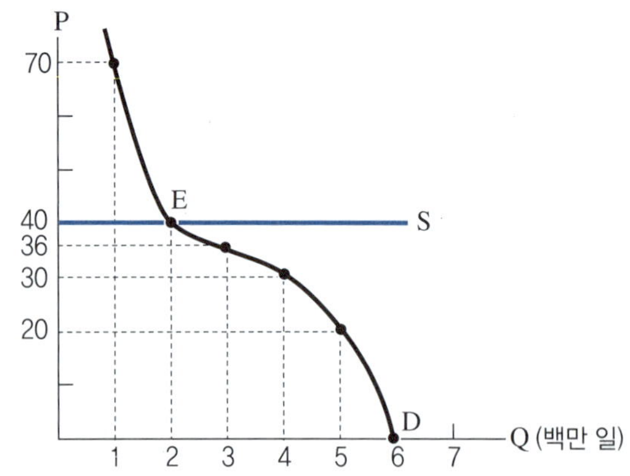

7.

가격이 100% 상승하였으므로 이를 가격탄력성 공식인

$$가격탄력성 = \frac{수요량의\ 변화율}{가격의\ 변화율}$$에 넣고 계산하면 수요량의 변화율을 얻을 수 있다. 가격이 오름에 따라 수요량은 모두 감소한다.

상품	토마토	완두콩	도박	택시	가구	영화	신발	법률 자문	의료 보험	버스 여행	전기
수요량 변화율	-460%	-280%	-190%	-124%	-100%	-87%	-70%	-61%	-31%	-20%	-13%

소득이 50% 증가해도 소득탄력성에 따라 수요량의 변화가 생긴다.

$$소득탄력성 = \frac{수요량의\ 변화율}{소득의\ 변화율}$$에서 소득이 50% 증가하였으므로, 이를 바탕으로 각 상품의 수요량의 변화율을 계산하면 다음과 같다. 소득이 증가함에 따라 소득탄력성이 양인 경우에는 수요량이 늘어나고, 소득탄력성이 음인 경우에는 수요량이 감소한다.

상품	자동차	주택	가구	도서	외식	의류	내과	담배	달걀	마가린	돈육	밀가루
수요량 변화율	123%	74.5%	74%	72%	70%	51%	37.5%	32%	18.5%	-10%	-10%	-18%

8.

그렇지 않다.

개별수요곡선을 더하면 시장수요곡선이 점점 눕는 꼴로 변해가기 때문에, 기울기의 역수인 $\frac{\Delta Q}{\Delta P}$가 커져

$E_D = \frac{\Delta Q/Q_0}{\Delta P/P_0} = \frac{\Delta Q}{\Delta P} \times \frac{P_0}{Q_0}$는 커져가는 것처럼 보인다.

그러나 곱한 두 항 중 앞의 항만 커질 뿐, 뒤의 항은 개별 수요곡선을 더할수록 반대로 작아지기 때문에 곱한 결과가 반드시 커진다고는 할 수 없다. 따라서 수요의 가격탄력성이 점점 커진다고는 할 수 없는 것이다.

9.

a.

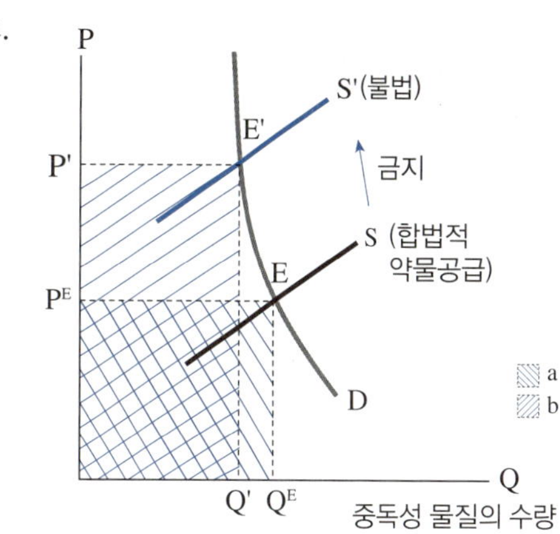

공급에 대한 제한정책을 실시하면 공급곡선을 상향이동시키게 된다. 그러나 중독성 물질에 대한 수요가 가격에 아주 비탄력적이기 때문에 가격은 P^E에서 P'로 급격하게 상승하는 반면, 수요량은 Q^E에서 Q'으로 아주 조금만 줄어들 뿐이다. 결국 불법 마약을 소비하는 총지출은 증가하고 마약산업 공급업자들의 총소득 역시 a에서 b만큼으로 증가하게 된다.

b.

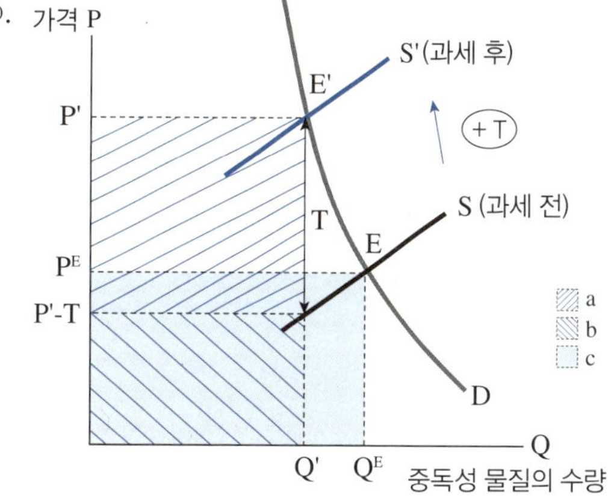

무거운 세금을 매기는 것 또한 공급에 대해 제한정책을 실시하는 것과 동일하게 공급곡선을 상향이동시키는 결과를 불러온다. 따라서 위의 a문제와 동일하게 가격은 급격하게 상승하고 수요량은 조금만 줄어들어 마약에 대한 총지출은 증가하게 된다. 다만 금지정책과 다른 점은 늘어난 마약 공급업자들의 총지출에서 일부를 정부가 세금이라는 형태로 가져간다는 것이다. 그 양은 $T \times Q'$로 표현

될 수 있는데, 그래프에서 a만큼의 면적이 바로 그것이다. 이를 제외한 나머지 부분(b만큼의 면적)이 바로 공급업자들의 새로운 총 소득이다. 따라서 과세 후에 공급업자들의 총 소득이 감소함을 확인할 수 있다(과세 전 공급업자들의 총소득은 직사각형 c만큼이다).

c. 마약산업의 공급을 제한하는 두 가지 방법의 목표가 무엇인가에 따라 평가를 달리할 수 있다. 만약 마약산업 공급업자들의 이익을 제한하는 것이 목표라면 세금을 부과하는 것이 훌륭한 방법이 될 수 있다. 공급업자들의 총소득이 감소하고 많은 부분을 세수로서 걷을 수 있기 때문이다. 공급 산업에 대한 제한정책은 오히려 총소득을 급격히 증가시키므로 바람직하지 못한 방법이 된다. 반면 마약산업에 대한 시민들의 총지출을 줄이는 것이 목표라면 두 가지 방법 모두 그다지 좋은 방법이 되지 못한다. 비탄력적인 수요로 인해 수요량은 아주 미미한 양으로 줄고 가격은 급격하게 올라 두 가지 방법 모두 마약에 대한 총지출을 오히려 증가시키기 때문이다.

10.

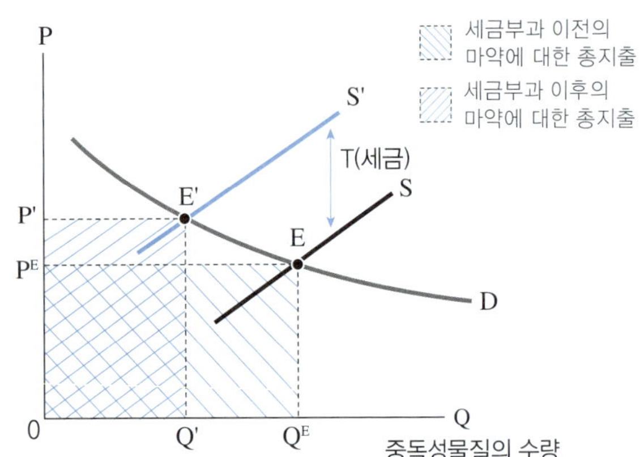

어쩌다 중독물질을 접하게 된 사람들은 높은 가격탄력성을 갖고 있기 때문에, 가파른 세금인상으로 인한 가격상승에 매우 민감하게 반응한다. 따라서 가격이 P^E에서 P'로 오를 때, 수요량은 Q^E에서 Q'로 더 큰 비율로 감소하게 된다. 즉, 값이 비싸지면 중독자가 아닌 경우에는 그냥 소비를 포기하는 경우가 많은 것이다. 이렇게 가격탄력성이 높은 경우 가격의 변화율(증가율)보다 수요량의 변화율(감소율)이 더 크기 때문에 총지출은 결국 감소하게 된다. 이와 같은 경우에는 세금인상이나 공급량 통제로 인한 가격증대가 총수요, 나아가 총지출을 크게 줄일 수 있으므로 매우 유용한 정책이 된다.

11.

(생략)

12.

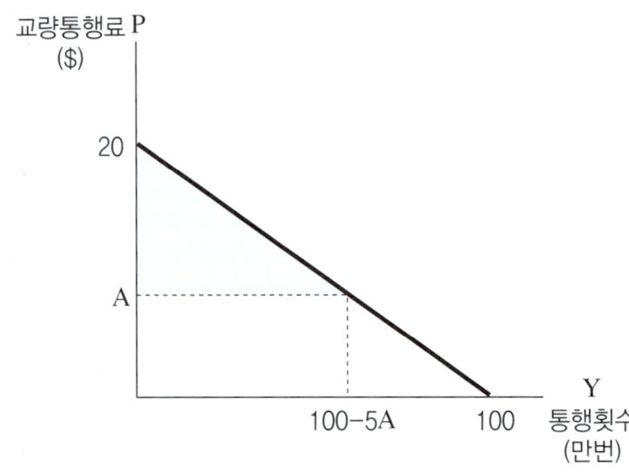

a. 교량통행료가 0달러일 때,
소비자 잉여는 $\frac{1}{2} \times 20 \times 100$만 $= 1{,}000$만 달러이다.
교량통행료가 1달러일 때,
소비자 잉여는 $\frac{1}{2} \times (20-1) \times (100-5)$만 $= 902.5$만 달러이다.
교량통행료가 20달러일 때,
소비자 잉여는 $\frac{1}{2} \times (20-20) \times (100-100)$만 $= 0$달러이다.

b. 통행료가 A라고 할 때, 교량 소유자가 통행료로 받는 총수입은 $A \times (100-5A)$만 달러이다. 손익분기점에서는 총수입과 건설비용이 일치하므로 손익분기점의 통행료는 $A \times (100-5A)$만 달러$=180$만 달러를 만족시키는 값이어야 한다. 계산해보면 $A = 2$임을 알 수 있다.
교량통행료가 2달러일 때, 소비자 잉여는
$\frac{1}{2} \times (20-2) \times (100-10)$만 $= 810$만 달러이다.

c. 교량통행료가 0달러일 때 소비자 잉여는 1,000만 달러임을 위에서 구하였다. 즉 교량통행료가 0달러일 때, 교량의 건설로 인해 소비자가 얻는 혜택이 1,000만 달러임을 뜻한다. 교량 건설에 들어가는 전체비용인 800만 달러보다 소비자가 얻는 혜택이 더 크므로, 교량건설은 사회전체적인 효용을 높여줄 것이다. 따라서 통행료를 전혀 부과하지 않는다고 해도 이 교량을 건설해야 한다.

제5장 부록 : 소비자 균형의 기하학적 분석

새뮤얼슨의 경제학 [상권] : p. 196

1.

(a)

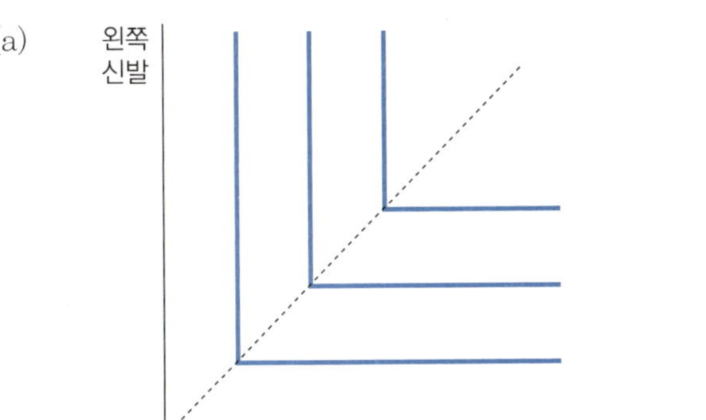

(b)

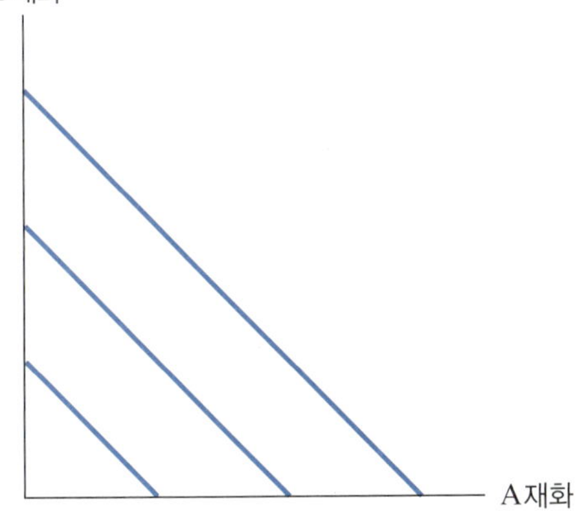

2.

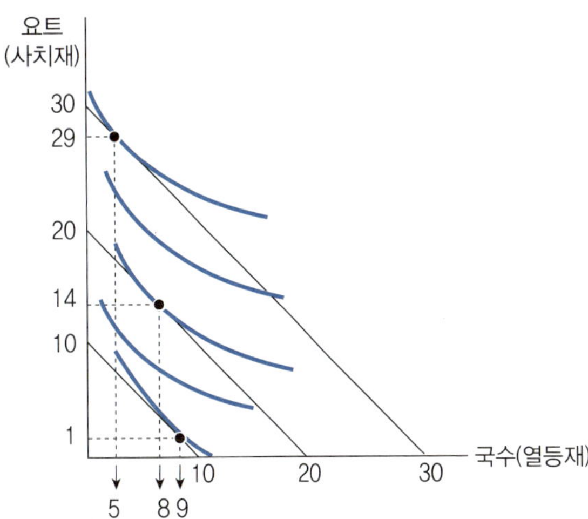

제6장 생산과 기업

새뮤얼슨의 경제학 [상권] : pp. 230~231

1.

생산함수란 일정량의 투입물로 생산할 수 있는 최대 산출량을 가리키며, 공학지식과 기술지식의 현 상태에 따라 정해진다. 각각의 재화나 서비스마다 생산함수가 존재한다.
음악회나 대학교육, 미용 서비스 같은 경우 첫 번째 서비스를 생산하는 데 많은 투입물이 필요하고, 그 이후에는 소수의 투입물만으로도 다음 서비스를 생산할 수 있다. 대학을 건립하고 교수를 초빙하여 한 명의 학생을 가르치는 데까지는 많은 투입물이 필요하지만, 그 다음 학생은 기존에 마련해 놓은 시설과 교수진을 그대로 제공하면 되기에 투입물이 많이 필요하지 않다. 따라서 이 서비스들의 생산함수는 기울기가 점점 가파르게 상승하는 형태를 띠다가 학생이 지나치게 붐벼서 새로운 건물과 교수진이 필요해지는 순간이 오면 다시 기울기가 완만해지는 형태를 띤다.
햄버거나 컴퓨터의 경우도 비슷한 형태를 지닌다. 초기에는 생산기술과 시설을 위해서 많은 투입물이 필요하다가 점점 필요한 투입물이 적어진다. 그러나 위의 서비스들과 달리 이들은 매 상품마다 원료가 필수적으로 들어가기 때문에 총생산함수의 기울기가 급격하게 증가하지는 않는다.

2.

a.

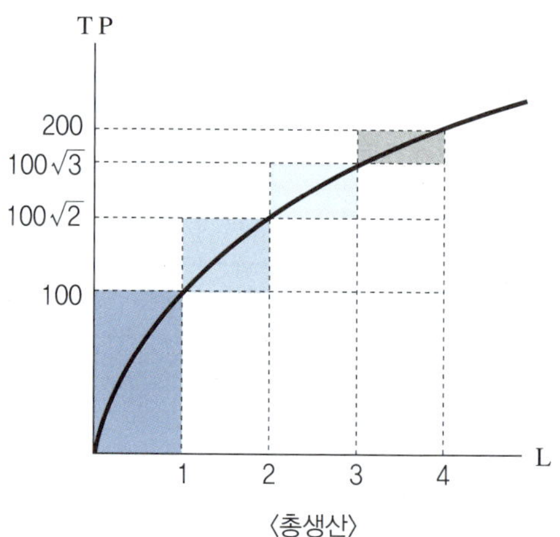

〈총생산〉

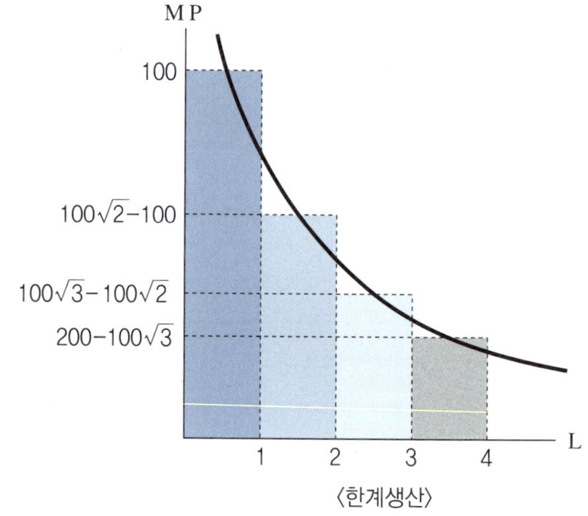

〈한계생산〉

L	총생산	한계생산	평균생산
0	0		0
		100	
1	100		100
		$100\sqrt{2}-100$	
2	$100\sqrt{2}$		$50\sqrt{2}$
		$100\sqrt{3}-100\sqrt{2}$	
3	$100\sqrt{3}$		$\frac{100\sqrt{3}}{3}$
		$200-100\sqrt{3}$	
4	200		50

b. 노동투입량의 증가에 따라 한계생산이 줄어들게 되므로 수확체감한다. 수확체증을 위해서는 노동투입량의 지수가 1보다 같거나 커야한다.

3.

(1)	(2)	(3)	(4)
	18인치 송유관		
펌프 동력 (마력)	총생산 (1일당 배럴)	한계생산 (1일당 배럴/마력)	평균생산 (1일당 배럴/마력)
10,000	86,000		(86,000)
		(28,000)	
20,000	114,000		(57,000)
		(20,000)	
30,000	134,000		(44,600)
		(16,000)	
40,000	150,000		(37,500)
		(14,000)	
50,000	164,000		(32,800)

4.

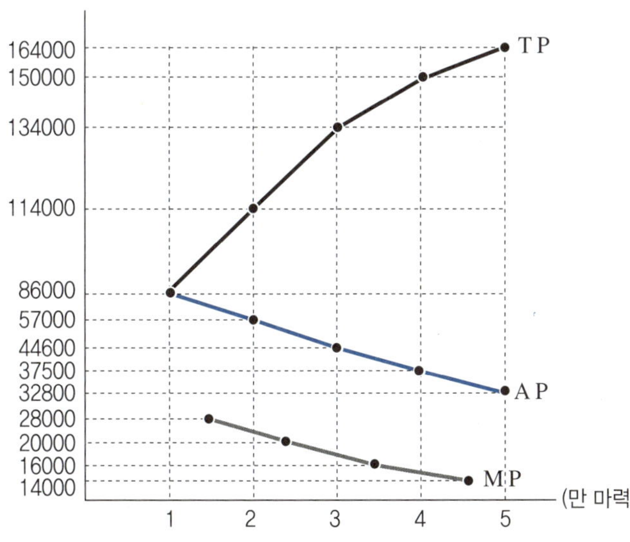

5.

식품 판매점을 열어 생산을 하기 위해서는 일단 부스 천막, 의자, 가스레인지와 같은 자본이 필요하다. 노동은 이들을 옮기고 배치하거나 요리를 하는 데 투입되어야 하며, 원료로는 빵과 콜라캔, 생감자, 튀김을 위한 기름, 케첩 등이 필요하다.

핫도그 수요가 감소할 경우 단기적으로는 핫도그 생산에 투입되는 노동을 줄이고 이 노동을 감자튀김을 만들거나 콜라를 파는 데 투입할 수 있다. 장기적으로는 핫도그 생산에 이용되는 가스레인지를 줄이고 이를 감자튀김 생산에 이용하는 방법이 있다. 혹은 아예 핫도그를 생산상품에서 제외할 수도 있다.

6.

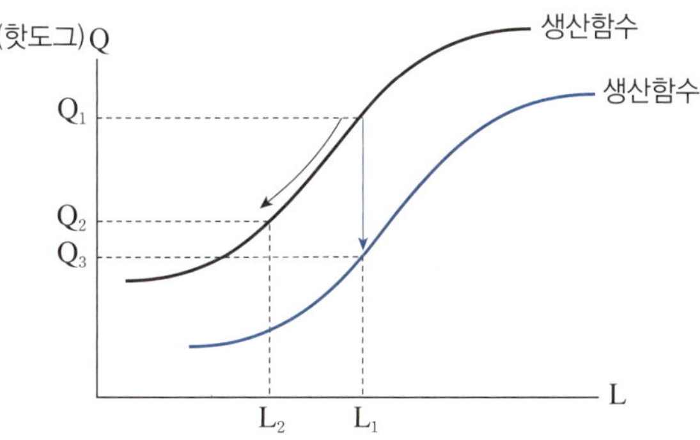

나머지 투입은 그대로 유지한 채 노동의 투입만 L_1에서 L_2로 바꾸면 생산함수를 따라서 생산점이 이동하여 Q_2를 생산하게 된다. 반면 핫도그에 지정된 가스레인지를 줄이는 식으로 다른 투입요소를 조정하면 생산함수 자체가 이동하는데, 이 경우 같은 노동 L_1을 투입해도 기존 생산량보다 적은 Q_3를 생산하게 된다.

7.

a. 기술은 그대로이나 생산요소 간의 대체가 일어난 경우이다. 이 경우 생산함수의 변화는 없다.

b. 기술변화가 일어난 경우이다. 온라인 서점이 생기자 전과 달리 적은 판매인력으로도 전과 같은 판매량을 달성할 수 있기 때문에, 생산곡선이 상승하고 판매인력의 감축이 일어난다.

c. 기술변화가 일어난 경우이다. 구식 식자기보다 컴퓨터 작업이 훨씬 높은 생산성을 보이기 때문에, 이러한 변화가 일어난다. 즉, 기술의 진보로 생산함수가 위쪽으로 이동하여서 같은 양의 생산물을 생산하는 데 더 적은 인원이 필요하게 된 경우이다.

d. 기술은 그대로이나 생산요소 간 대체가 일어난 경우이다. 노동조합이 조직되면 임금이 오르기 때문에 기업이 비서 인력이 아니라 개인용 컴퓨터로 생산요소 대체를 하고 있는 것이다. 이 경우 생산함수의 모양은 그대로이다.

8.

수확체감이란 피자기업에서 한 투입요소를 고정시켜두고 다른 투입요소를 증가시킬 때 피자의 생산량이 늘어나지만 그 증가분이 점점 줄어드는 것을 의미한다. 반면 피자기업에서 노동과 자본을 a배 증가하여 투입했는데, 피자의 생산량이 a배 보다 적게 늘어난다면 규모에 따른 수확체감이라고 정의한다. 두 개념은 언뜻 비슷해 보이지만 두 투입요소를 함께 증가시키느냐 혹은 한쪽만 증가시키느냐라는 근본적인 차이점이 있기 때문에 사실은 전혀 다른 개념이다. 따라서 어느 한 요소가 수확체감이 일어나도 규모에 따른 수확불변이 가능하다. 예를 들어 $Q = L^{0.5}\ K^{0.5}$의 경우 L와 K에 대해 모두 수확체감이 일어나지만 규모에 따른 수확불변이 나타나고 있다.

9.

어떤 반에 주기적으로 한 명씩 전학생이 온다고 하자. 이 반의 기존 성적의 평균(AP)이 90점일 때, 새로 온 전학생의 점수(MP)가 89라면 새로운 평균은 전보다는 낮아지지만 전학생의 점수보다 높은 곳에서 설정된다. 다시 두 번째 전학생의 점수가 88점이라도 이 반의 평균은 새로운 전학생의 점수보다 높다. 이는 앞으로 계속 전학생의 점수가 낮아져도 마찬가지로 나타날 현상이다. 이를 통해 MP가 줄어들어도 AP는 항상 한계생산보다 큰 값이 됨을 알 수 있다.

10.

a.

사람 수	1	2	3	4	5	6	7	8	9	10
신규	0	1	2	3	4	5	6	7	8	9
기존	0	1	2	3	4	5	6	7	8	9
사회적 가치	0	2	4	6	8	10	12	14	16	18

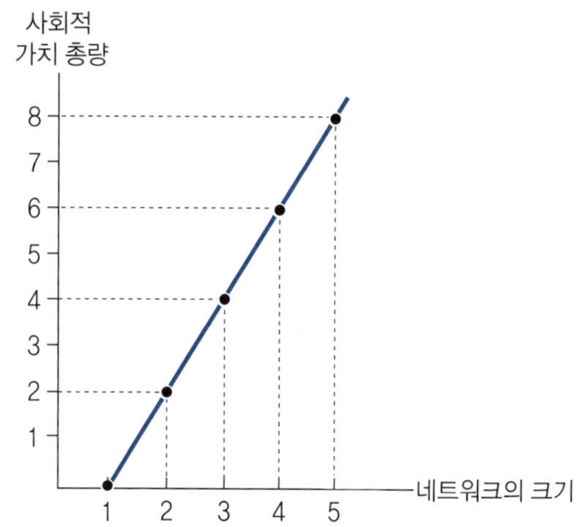

수확체감이란 기업이 어느 한 투입물을 증가시킬 때 추가적 산출물이 점점 감소함을 의미한다. 여기서 네트워크의 크기가 1씩 늘어날 때마다 사회적 가치 총량이 줄어드는 관계를 확인할 수 없으므로 이 관계는 수확체감이 아니다.

b.

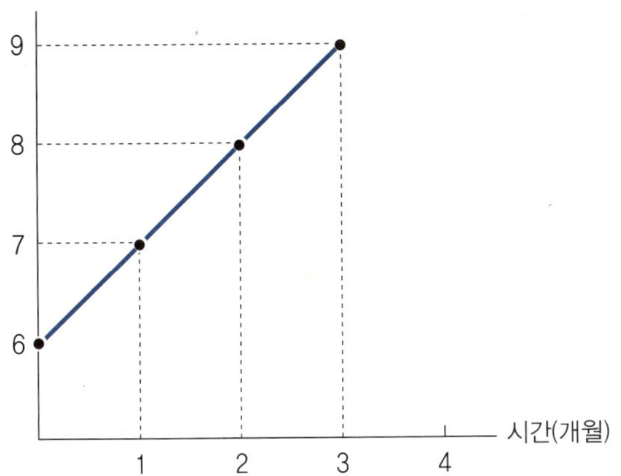

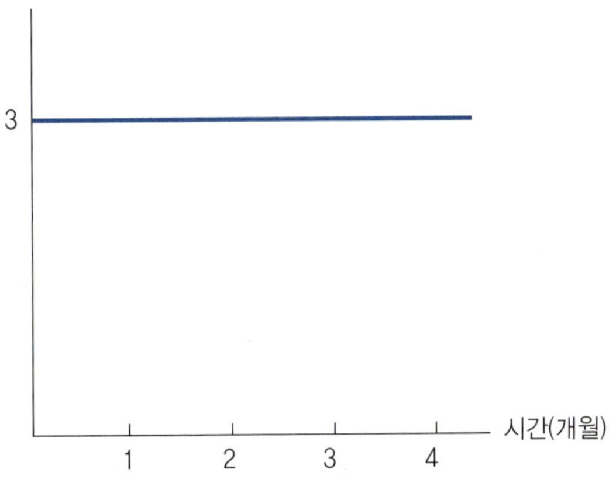

초기 가입자 수가 6명일 때, 신규로 가입한 사람은 6달러를 얻을 수 있으므로, 네트워크 가입비용인 4.5달러를 지불하고 가입하고자 한다. 시간이 갈수록 신규 가입자가 얻을 수 있는 가치는 커지므로 계속 네트워크 가입 희망자는 존재할 것이다. 따라서 한 달이 지날 때마다 한 사람씩 꾸준히 네트워크 가입자가 증가한다.

반면 초기 가입자 수가 3명일 때, 신규로 가입한 사람은 3달러를 얻을 수 있으므로, 가입비용이 얻을 수 있는 가치보다 더 크기 때문에 가입을 원치 않는다. 따라서 시간이 지나도 신규 가입을 하고자 하는 사람은 나타나지 않으며, 회원수는 3명으로 계속 유지된다.

네트워크 가입비용이 4.5달러인 수준에서 모두가 회원에 가입하게 되려면 신규 가입자가 얻는 가치가 4.5달러 이상인 점에 도달해야 한다. 따라서 기존 가입자가 5명인 지점부터 모두가 회원에 가입하게 된다.

c. 초기 가입자가 한두 명인 경우, 초기의 신규 가입자들이 얻을 수 있는 가치는 1달러나 2달러 수준으로 매우 적으므로, 네트워크의 크기를 증대시키기 위해서는 초기의 가격을 1, 2달러보다 낮게 설정해야 한다. 이런 식으로 점점 네트워크의 크기를 키우다가, 어느 수준에 이르면 신규가입자들이 얻을 수 있는 가치가 매우 커지므로 가격을 그에 맞춰 올릴 수 있다. 다만 여전히 가격은 신규 가입자들이 얻을 수 있는 가치보다 작은 수준에 위치해야 네트워크가 더욱 발전할 수 있다.

제 7 장 비용 분석

● 새뮤얼슨의 경제학 [상권] : pp. 265~266

1.

a. 0.344

b. 0.345, 0.316

c. 테드 윌리엄스는 1960년에 1959년까지의 평생타율보다 낮은 타율을 기록함으로써 1960년 이후 평생타율이 감소하였다. 이는 비용곡선에서도 마찬가지가 된다. *MC*가 *AC*보다 낮으면 *MC*가 *AC*를 끌어내리고, *MC*가 *AC*보다 높으면 *MC*가 *AC*를 끌어올리게 된다. *MC*가 *AC*와 정확히 일치하면 *AC*는 떨어지지도 않고 올라가지도 않는다.

2.

산출량	고정비용	변동비용	총비용	*MC*	*AC*	*AFC*	*AVC*
0	145	0	145		무한대	무한대	정의불가
1	145	30	175	30	175	145	30
2	145	55	200	25	100	72.5	27.5
3	145	75	220	20	73.3	48.33	25
4	145	105	250	30	62.5	36.25	26.25
5*	145	155	300	50(60*)	60*	29	31
6	145	225	370	70	61.7	24.17	37.5

고정비용에 90달러를 추가해도 *MC*와 *AVC*는 변하지 않는다. *TC*와 *AC*, *AFC*는 증가하였다.

*AC*의 최젓값이 Q^*(산출량)=5일 때 *AC*=60달러=*MC*가 됨을 증명할 수 있다. 표 상에서 확인 가능하다.

3.

*MC*가 *AC*보다 낮으면 *MC*가 *AC*를 끌어 내리고, *MC*가 *AC*보다 높으면 *MC*가 *AC*를 끌어올리게 된다. *MC*가 *AC*와 정확히 일치하면 *AC*는 떨어지지도 않고 올라가지도 않는다. 따라서 *AC*곡선은 언제나 최젓값에 도달하는 지점에서 밑에서 올라오는 *MC*곡선과 교차한다.

한편, 이는 *AVC*에도 해당하는 설명이다. *MC*를 *MFC*(단위당 고정한계비용)과 *MVC*(단위당 가변한계비용)으로 나누어 볼 수 있는데, *FC*는 고정되어 움직이지 않는 부분이므로 *MFC* = 0이고 *MC* = *MVC*로 볼 수 있다. 그렇다면 위와 마찬가지로 *MVC*가 *AVC*보다 낮으면 *AVC*가 하락하고, *MVC*가 *AVC*보다 높으면 *AVC*가 증가하므로, *MC*는 *AVC*의 최저점 역시 지나게 된다.

4.

직업군인제의 금전적 비용은 직업군인들에게 주어야 하는 높은 병사급여이다. 이에 대한 기회비용은 그러한 국고재원을 도로 건설이나 교육 등 다른 국가 사업부분에 사용하여 얻을 수 있었던 가치라고 볼 수 있다.

의무병역제의 금전적 비용은 직업군인제에 비해 훨씬 적다. 병사에 대한 급여가 적기 때문이다. 그러나 직업군인제에 비해 상당히 큰 기회비용을 갖는데, 한창 나이의 젊은이들이 학업과 생계를 포기해야 할 뿐만 아니라 성차별과 관련한 사회적인 갈등까지 불러일으키기 때문이다. 이와 같은 상황을 고려해보면 의무병역제가 사회에게 적은 비용을 부담하게 하는 것만은 아니라는 것을 알 수 있다. 이렇게 기회비용 개념을 생각할 경우 우리는 시간, 사회통합 등 가격에 반영되지 않는 가치들을 생각하여 의사결정을 내릴 수 있게 된다.

5.

a.

밀 *Q*	*TC*	*VC*	*FC*	*AC*	*AVC*	*MC*
0	180	0	180	무한대	정의불능	
1	210	30	180	210	30	30
2	235	55	180	117.5	27.5	25
3	255	75	180	85	25	20
4	285	105	180	71.25	26.25	30
5	335	155	180	67	31	50
6	405	225	180	67.5	37.5	70
7	495	315	180	70.71	45	90

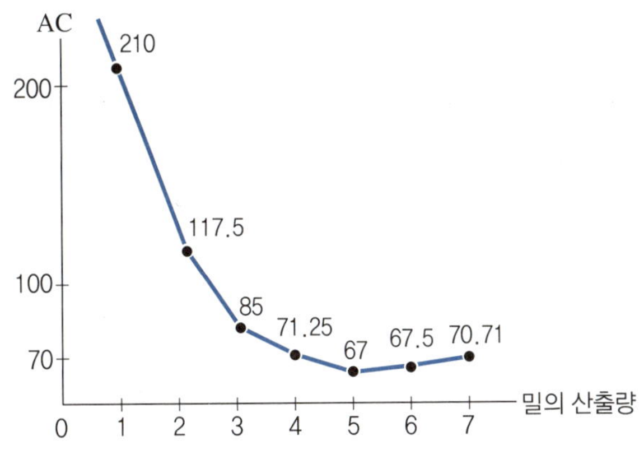

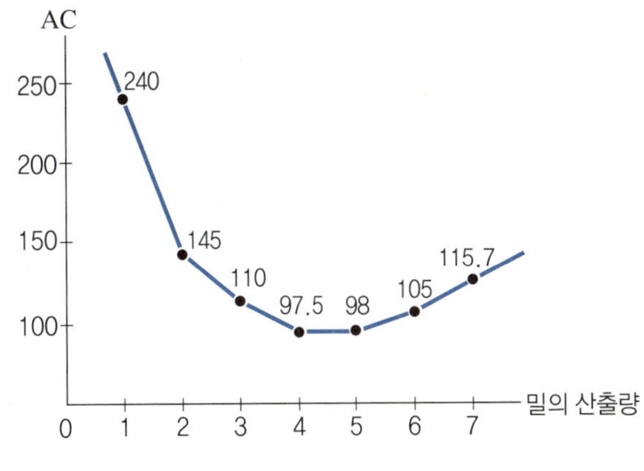

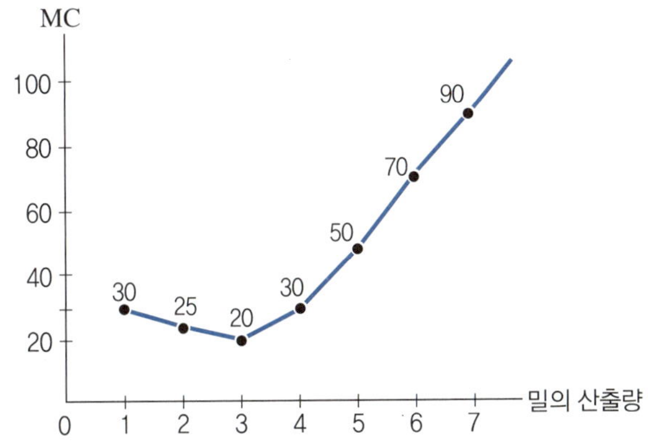

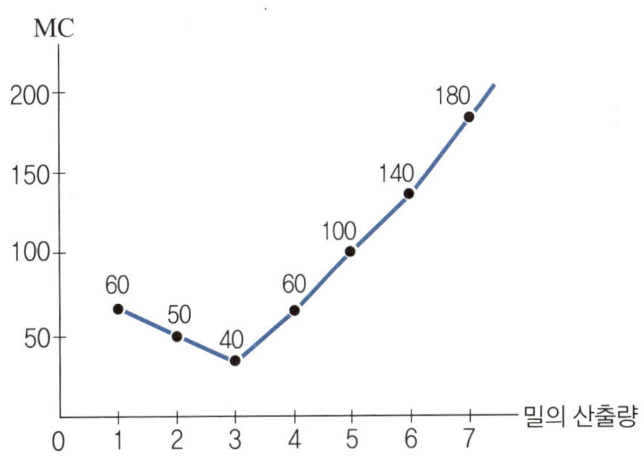

b.

밀 Q	TC	VC	FC	AC	AVC	MC
0	180	0	180	무한대	정의 불능	60
1	240	60	180	240	60	50
2	290	110	180	145	55	40
3	330	150	180	110	50	60
4	390	210	180	97.5	52.5	100
5	490	310	180	98	62	140
6	630	450	180	105	75	180
7	810	630	180	115.7	90	

AC곡선이 상승했고, 최저점이 왼쪽으로 이동했다.
MC곡선도 상방으로 이동하였다.

c.

밀 Q	TC	VC	FC	AC	AVC	MC
0	180	0	180	무한대	정의 불능	60
2	240	60	180	120	30	50
4	290	110	180	72.5	27.5	40
6	330	150	180	55	25	60
8	390	210	180	48.75	26.25	100
10	490	310	180	49	31	140
12	630	450	180	52.5	37.5	180
14	810	630	180	57.86	45	

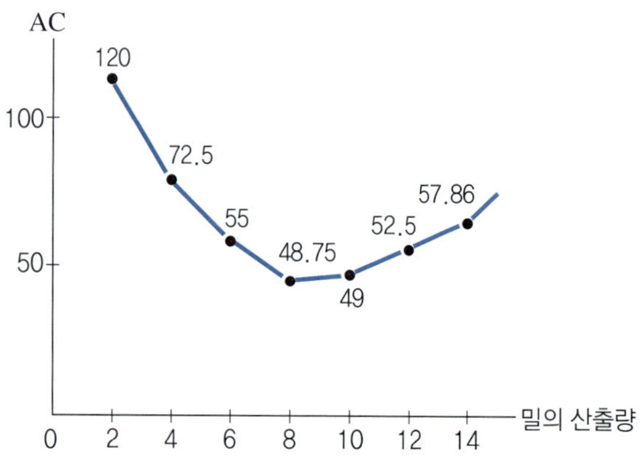

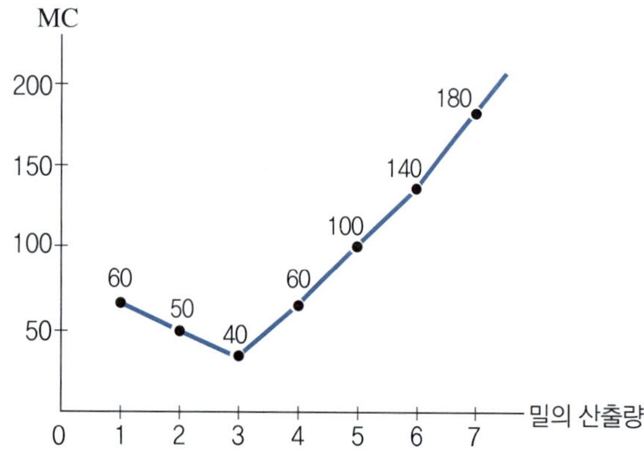

*AC*곡선이 아래로 이동했고, 최저점이 오른쪽으로 이동했다. *MC*곡선은 b번의 *MC*곡선을 좌우로 길게 늘린 모양이 되었다.

기업의 비용곡선에는 총요소 생산성과 투입요소의 가격이 영향을 미치는 것을 알 수 있다.

6.

a. 한계비용과 평균비용이 같아지는 점에서 평균비용이 극소화된다.

b. 고정비용이 변하지 않는 것은 맞으나, 평균고정비용은 고정비용을 산출량으로 나눈 것이기 때문에 산출량이 커질수록 점차 감소하게 된다.

c. 한계비용이 평균비용보다 작으면 한계비용이 상승해도 평균비용은 하락할 수 있다.

d. 국립공원에서 경제활동을 하는 기업이 없더라도, 석유개발로 인한 자연파괴와 시민들의 쉼터공간이 제한되는 기회비용이 존재할 수 있다.

7.

순매출		$7,000
(–)매출원가		
임금	$1,000	
전기사용료	$,500	
(–)간접비용		
임차료	$500	
컴퓨터 감가상각	$1,000	
영업비용	$3,000	
영업이익		$4,000
세전이익		$4,000
(–)기업소득세		$1,000
세후이익		$3,000
유보이익증감		$3,000

8.

자산		부채 및 순자산	
유동자산 :		부채	$0
현금	$9,000		
고정자산 :		순자산 :	
컴퓨터	$5,000	자기자본	$10,000
컴퓨터 감가상각 누계액	($1,000)	이익잉여금	$3,000
합계	$13,000	합계	$13,000

대차대조표를 작성하기 위해서는 다음과 같은 분개가 필요하다. (회계를 공부하지 않은 학생은 회계원리 교재를 참고하라.)

(차) 현금 10,000 / (대) 자기자본 10,000
(차) 현금 7,000 / (대) 수익 7,000
(차) 임금 1,000 / (대) 현금 1,000
(차) 임차료 500 / (대) 현금 500
(차) 전기사용료 500 / (대) 현금 500
(차) 컴퓨터 5,000 / (대) 현금 5,000
(차) 감가상각비 1,000 / (대) 감가상각누계액 1,000
(차) 법인소득세 1,000 / (대) 현금 1,000

제7장 부록 : 생산, 비용이론, 기업의 의사결정

새뮤얼슨의 경제학 [상권] : p. 278

1.

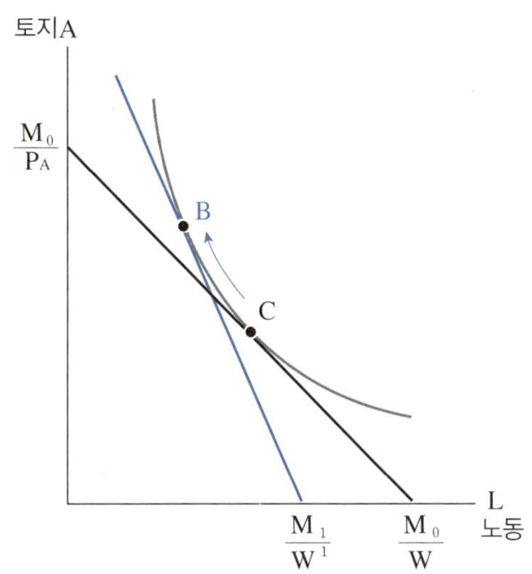

임금이 높아지면 임금과 토지사용료 간의 상대가격이 올라 등비용선의 기울기가 가팔라지기 때문에, 이 기울기를 유지하면서 이전과 같은 생산량을 최소의 비용으로 생산하는 점이 C에서 B로 이동하게 된다. 이는 값이 비싸진 요소 투입을 줄이는 요소대체과정이다. 즉, 점 C에서 점 B로 이동하면 노동투입량이 감소하고 토지투입량이 증가한다. 토지를 자본으로 바꾸면 자본과 노동에 대해서도 같은 설명이 가능하다. 임금이 높아지면 임금과 자본비용의 상대가격이 올라서 자본투입량이 늘고 노동투입량이 줄어들게 된다. 노동조합 지도자들도 이러한 관계를 알아두어야 한다. 만약 노조가 지나친 임금 상승 압력을 넣게 되면 기업은 오히려 노동투입을 줄이고 기계를 도입하는 등 자본 투입을 늘리고자 하여 실업이 증가할 수도 있기 때문이다.

2.

산출량 $q = 346$을 생산하기 위한 최소비용의 요소 결합
= 노동 3단위, 토지 2단위 투입
산출량 $q = 692$를 생산하기 위한 최소비용의 요소 결합
= 노동 6단위, 토지 4단위 투입
따라서 요소집약도는 불변이다.

제8장 완전경쟁 시장의 분석

➲ 새뮤얼슨의 경제학 [상권] : pp. 312~313

1.

a. 완전경쟁 기업은 가격이 한계비용과 일치하는 수준에서 산출량을 생산한다.

완전경쟁 기업은 마지막 단위를 생산하여 새로 얻는 수입(시장가격)이 새로 발생하는 비용(한계비용)보다 높기만 하면 계속 산출량을 늘려서 추가적 이윤을 보탤 수 있다. 따라서 기준은 평균변동비용이 아니라 마지막 생산단위의 한계비용이 된다.

b. 기업은 가격이 최저 평균변동비용에 미달할 때 생산을 중단한다.

단기의 경우 매몰비용이 존재하기 때문에, 가격이 최저 평균비용에 미달하더라도 평균변동비용 이상이면 생산을 유지하여 매몰비용이라도 갚아나가는 것이 생산의 중단보다 경제적으로 이득이다.

c. 기업의 공급곡선은 P(시장가격)가 평균변동비용을 넘어서는 한에서 MC곡선과 같다. 따라서 기업의 공급곡선은 MC뿐만 아니라 생산중단점을 결정하는 평균변동비용과도 관련이 있다.

d. 완전경쟁 산업의 $P = MC$규칙은 MC곡선의 우상향 구간에서만 유효하다.

완전경쟁 산업에서 생산이 이루어지는 부분은 생산중단점(AVC의 최저점) 위의 부분인데, 이 생산중단점은 MC가 우상향하는 부분에 위치하고 있기 때문에, $P = MC$ 규칙은 MC의 우상향 구간에서만 유효하다.

e. 완전경쟁 기업은 가격을 설정할 수 없는 가격수용자이다. 가격이 한계비용과 일치하는 부분에서 생산량을 결정할 수 있을 뿐이다.

2. 문제 3행의 '수준에서'를 '수준에 이르기까지'로 바로잡습니다.

한계비용이 생산능력을 최대한 가동하는 수준에 이르기까지 칩 단위당 10달러이므로 한계비용은 생산량에 관계없이 10으로 일정하다. 그런데 한계비용은 생산을 한 단위 늘릴 때 발생하는 비용이므로 가변비용도 10으로 일정하다. 따라서 평균가변비용도 10으로 일정하다. 즉, $MC = AVC = 10$이 성립한다. 평균비용은 평균가변비용과 평균고정비용의 합이므로 $AC = 10 + \dfrac{10,000}{Q}$이다.

그리고 Π(이윤) $= P \times Q - TC = \overline{P} \times Q - Q(10 + \dfrac{10,000}{Q})$ $= (\overline{P} - 10)Q - 10,000$이다.

(a) 가격이 $AVC = 10$에도 미치지 못하므로 이윤을 극대화하고자 하는 기업은 생산을 하지 않는다.

(b) 가격이 15달러일 때, Π(이윤) $= (\overline{P} - 10)Q - 10,000$ $= 5Q - 10,000$이므로 Q(생산량)이 클수록 이윤이 커진다. 따라서 나의 생산능력인 1,000단위까지 생산할 것이다. 그런데 이때 이윤은 $-5,000$이다. 하지만 가격이 $AVC = 10$보다 높아서 생산을 할 경우 변동비용을 회수할 수 있기 때문에 생산을 하는 것이 유리하다.

(c) 가격이 25달러일 때, Π(이윤) $= (\overline{P} - 10)Q - 10,000$ $= 15Q-10,000$이므로 Q(생산량)이 클수록 이윤이 커진다. 따라서 나의 생산능력인 1,000단위까지 생산할 것이다. 이때의 이윤은 5,000이다.

3.

55,000/4,000/4,000/ 단기적으로 생산을 중단해야 할지 여부를 결정하려는 기업은 생산중단점인 AVC(평균변동비용)의 최저점을 생각해야 한다. 이는 고정비용과는 관계가 없는 비용이므로, 기업은 합리적으로 결정하기 위해서 매몰비용을 무시하고 오직 평균변동비용과 한계비용만 고려해야 한다.

4.

P = \$21일 때, 공급량은 3,000에서 결정되고, 총이윤은 $(P-AC) \times Q = (21-43.33) \times 3{,}000 = -\$67{,}000$가 된다. 따라서 장기적으로 동질적 기업의 퇴출이 일어난다.

P = \$40일 때, 공급량은 4,000에서 결정되고, 총이윤은 \$0이 된다. 즉, 경제적 무이윤점이 되므로 장기적으로 진입이나 퇴출이 일어나지 않는다.

P = \$60일 때, 공급량은 5,000에서 결정되고, 총이윤은 $(P-AC) \times Q = (60-42) \times 5{,}000 = \$90{,}000$가 된다. 따라서 장기적으로 동질적 기업의 진입이 일어난다.

5.

$P = 40$일 때는 $Q = 4{,}000$만큼, $P = 40.2$일 때는 $Q = 4{,}001$만큼 공급하므로, 평균기법을 사용하여 이 구간에서의 개별 기업의 공급의 가격탄력성을 구해보면,

$$E_S = \frac{\Delta Q/\{(Q_1+Q_2)/2\}}{\Delta P/\{(P_1+P_2)/2\}} = \frac{1/4000.5}{0.2/40.1} = \frac{40.1}{800.1} \approx 0.05\text{이다.}$$

이러한 동질적 기업이 2000개 있다고 가정하고 공급계획을 나타내는 표를 작성해보면 다음과 같다.

P	27	22	21	38.98	40	40.02	60
Q	2,000	4,000	6,000	7,998	8,000	8,002	10,000

(Q : 1,000 단위)

이렇게 산업차원의 공급계획에서 $P = 40$에서 40.2 사이의 공급의 가격탄력성을 도출해보면,

$$E_S = \frac{\Delta Q/\{(Q_1+Q_2)/2\}}{\Delta P/\{(P_1+P_2)/2\}} = \frac{2{,}000/8{,}001{,}000}{0.2/40.1}$$

$$= \frac{40.1}{800.1} \approx 0.05\text{가 된다.}$$

6.

기업 C가 한 단위도 생산하지 않는 것은 첫 단위를 생산하는 데 드는 비용보다 첫 단위를 생산함으로써 얻을 수 있는 수입(가격)이 더 작기 때문이다. 이러한 상태에서 C가 한 단위를 생산하고 B가 한 단위를 덜 생산하게 된다면 C는 P(시장가격)보다 더 큰 비용을 지출하게 되고, B는 P보다 작은 비용을 절감하게 되므로 결국 산업 전체의 생산비용은 완전경쟁에 비해 증가하게 된다.

〈그림 8-12〉의 그래프와 같은 사례는 구멍가게 식품점과 프랜차이즈 식품점에서 찾을 수 있다. 구멍가게 식품점의 경우 가게의 이름을 짓거나 마크 디자인, 가게홍보, 물건배치 구성과 같이 처음 물건을 팔기 위해서 들여야 할 비용이 크다. 그러나 프랜차이즈의 경우 이미 가게의 인지도나 가게 내부 배치가 주어지므로 첫 물건을 팔기 위해 들여야 하는 비용이 상대적으로 적다. 따라서 프랜차이즈 가맹점이 구멍가게를 몰아내게 되는 것이다.

언뜻 보면 C가 시장에서 퇴출당하는 것이 산업 전체의 생산비용을 줄여준다는 측면에서 경제학적으로 효율적으로 보인다. 그러나 C가 퇴출당하고 산업이 소수의 프랜차이즈로만 구성될 경우 다양성이 훼손되고 영세 자영업자들이 피해를 볼 뿐만 아니라 소수의 프랜차이즈들이 독점력을 행사하여 가격을 담합하는 등의 부작용이 발생할 수 있다. 따라서 C같은 구멍가게들이 모두 문을 닫는 것은 바람직하지 못하다.

만약 정부가 A, B, C에게 각각 대응하도록 시장을 셋으로 분할한다면 전체적인 생산비용은 분명 증가할 것이지만, 이를 통해 C의 퇴출이 방지되면 독점을 막고 보다 공정한 산업부문으로 나아갈 수 있을 것이다. 실제로도 이와 같은 정책은 수행되고 있는데, 우리나라에서 주말에 대형마트의 영업을 금지하여 주말 시장과 평일 시장으로 시장을 분할한 것도 그 일환이다.

7.

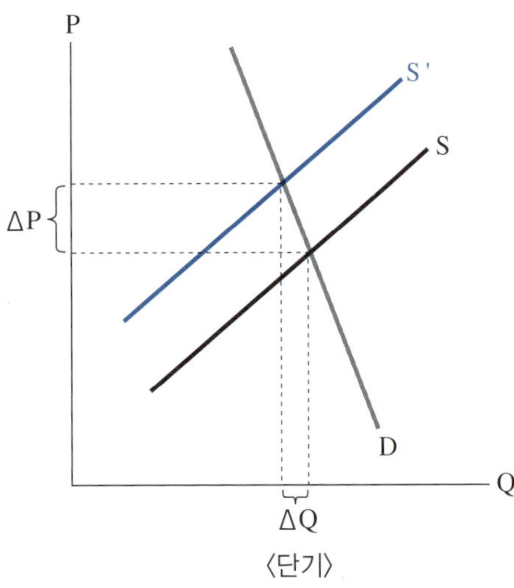

〈단기〉

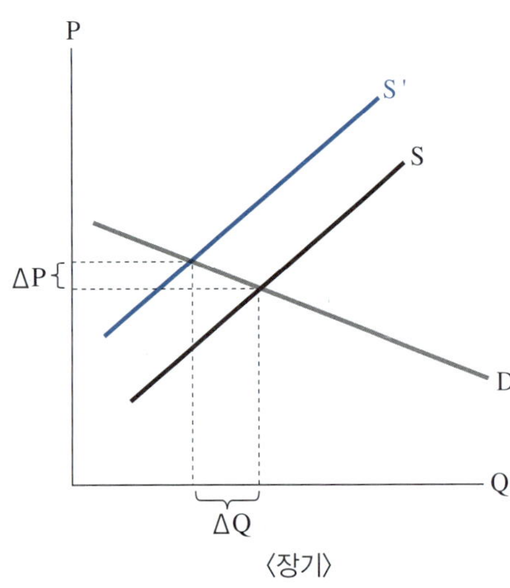

〈장기〉

소비자들이 단기적으로는 휘발유의 가격변화에 대처하지 못하지만, 장기적으로는 휘발유의 가격변화에 따라 자동차를 포기하고 자전거를 이용함으로써 대처가 가능하므로, 장기에서 휘발유 수요의 가격탄력성이 훨씬 높음을 알 수 있다. 따라서 장기에서의 수요곡선이 훨씬 완만하다.

휘발유 품귀 현상이 생겨 공급이 감소하면, 장기와 단기의 가격탄력성 차이로 인해 일어나는 변화도 다르다. 단기에서는 수요량 변화가 거의 없는 대신 가격이 큰 폭으로 뛰고, 장기에서는 수요량 변화가 많이 일어나고 가격변화가 작게 일어난다. 이에 기반해서 수요규칙을 기술해보면,

(c) 단기적 수요일 때 수요가 불변인 채 공급이 감소하면 가격은 큰 폭으로 상승하고, 거래량은 작은 폭으로 하락한다.

(d) 장기적 수요일 때 수요가 불변인 채 공급이 감소하면 가격은 작은 폭으로 상승하고, 거래량은 큰 폭으로 하락한다.

8.

경쟁시장의 이윤은 0이라는 것에서의 이윤은 경제적 이윤을 뜻하며, 총수입에서 명시적 비용 외에 자가 소유요소의 암묵적 비용까지 모든 비용을 차감한 것이다. 따라서 경제적 이윤이 0일 경우 모든 생산요소는 다 정상보수를 받고 있는 것이다. 경제적 이윤이 0 이상인 경우 새로운 기업의 진입을 유인해서 가격이 떨어지고 이윤이 하락하며, 경제적 이윤이 0 이하인 경우 기업의 퇴출로 인해 가격이 상승하고 이윤이 상승한다. 결국 완전경쟁 산업의 장기균형은 경제적 이윤이 0인 상태이다.

9.

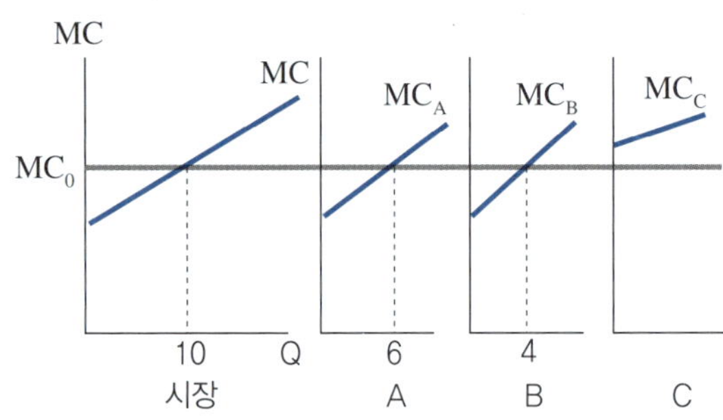

a. 이 그래프가 (Q_0, P_0)를 지난다면, Q_0에서 배출량을 한 단위 감소시키기 위해서는 P_0만큼의 한계비용이 든다는 뜻이다. 또는 공해 감축량 한 단위의 가격이 P_0이면 공해 감축량이 Q_0가 된다는 뜻이다.

b. 기업 A가 6단위만큼, 기업 B가 4단위만큼 감소시키도록 할당한다.

c. 기업 A가 감축량을 1단위 줄임으로써 줄어드는 한계비용의 감소분보다 기업 B가 감축량을 1단위 늘림으로써 늘어나는 한계비용의 증가분이 더 크다. 따라서 효율적 배분상태에 비해 비용이 그 차이만큼 추가로 발생한다.

d. 공해부과금을 물리는 것은 각 기업이 배출 감소라는 상품을 한 단위 생산할 때 그에 대해 일정량의 가격을 매겨 수입을 보장해 주는 것과 같다. 일반적인 시장 메커니즘과 비슷하게 생각할 수 있다. 따라서 만약 국가가 10단위의 배출 감소를 원한다면 산업 전체 수준에서 $Q = 10$이 될 때의 MC_0를 공해부과금으로 물리면 된다. 그러면 각 기업은 이 MC_0를 정해진 가격으로 여기고 MC_0가 자신들의 MC와 같아지는 수준에서 배출 감소량을 정하게 될 것이다. 그래프에 따르면 기업 A는 6단위만큼, 기업 B는 4단위만큼, C는 0단위만큼 배출을 감소시킬 것이다.

e. 공해를 효율적으로 감소시키기 위해서는 각 기업이 공해를 감축시킴으로써 나타나는 한계비용이 서로 일치되는 수준에서 개별 기업의 감축량을 정해야 한다. 이때에만 사회 전체에서 감축비용이 최소화될 수 있기 때문이다. 따라서 각 기업의 감축량에 따른 한계비용이 감축량을 정하는 척도가 된다고 할 수 있다.

10.

배분효율이란 생산이나 분배를 다시 조직해서 어느 한 사람의 후생을 향상시키려고 해도 다른 누군가의 후생을 악화시키지 않고서는 불가능한 상태를 말한다. 자원이 효율적으로 배분된 상태에서는 적어도 한 사람의 만족이나 효용이 감소하지 않고서는 나머지 누구도 효용이 증가할 수 없다.

〈그림 8-11〉에서는 생산량을 늘리거나 줄일 때 생산자와 소비자 양 쪽 모두의 효용을 동시에 증가시킬 수 없다. 반드시 어느 한쪽의 손실이 있게 된다. 따라서 〈그림 8-11〉은 경쟁시장 균형점 E에서 경제적 잉여가 극대화된 상태이며, 더 이상 증가시킬 수 없으므로 배분효율을 달성한 상태라고 볼 수 있다.

제9장 불완전경쟁과 독점

새뮤얼슨의 경제학 [상권] : pp. 344~345

1.

a. 한계비용이 0이므로 이 독점사업자는 한계수입도 0인 점에서 생산을 할 것이다. 수요가 단위탄력적일 때는 가격이 1% 떨어지면 수요량도 정확히 1% 늘어나서 한계수입은 0이 된다. 따라서 한계수입이 0일 때 수요는 단위 탄력적이어야 한다.

b. 1보다 큰 값. 한계비용이 1이므로 이 독점사업자는 한계수입도 1인 점에서 생산을 할 것이다. 한계수입이 1이라는 것은 가격이 1% 떨어지면 수요량은 그것보다 더 증가하여 총 수입이 증가함을 뜻한다. 따라서 한계수입이 1일 때 수요는 탄력적($E_D>1$)이어야 한다.

2.

a. 독점자는 $MC = MR$일 때 이윤을 극대화한다. 독점자가 생산을 한 단위 늘릴 때 늘어나는 비용은 MC인데, 이 때 늘어나는 수입은 가격인 P가 아니다. 독점자가 한 단위를 더 팔기 위해서는 이전 단위들의 가격까지 함께 낮춰야 하기 때문에 한계수입은 P보다 낮게 책정된다. 따라서 한 단위를 늘릴 때 잃는 비용과 얻는 수익인 MC와 MR을 같게 하는 수준에서 생산해야 이윤이 극대화 된다.

b. 항상 MC보다 높은 수준에서 정해지는 독점자의 제품가격은 수요의 가격 탄력성이 낮을수록 더 높아진다.

c. 독점자는 한계원리를 따른다. 독점자는 생산량 결정에 있어 한계비용과 한계수입을 따짐으로써 자신의 이득을 극대화하고자 한다.

d. 독점자는 이익을 극대화한다. 따라서 독점시장에서는 완전경쟁시장보다 산출량이 더 적게 생산되고 가격은 더 높다.

3.

MR은 0이다. 수요가 단위탄력적일 때는 가격이 a% 떨어지면 수요량도 정확히 a% 늘어난다.

따라서 한 단위가 더 생산되어도 총 수입은 변화가 없으므로 $MR = 0$이라고 할 수 있다.

4.

(생략)

5.

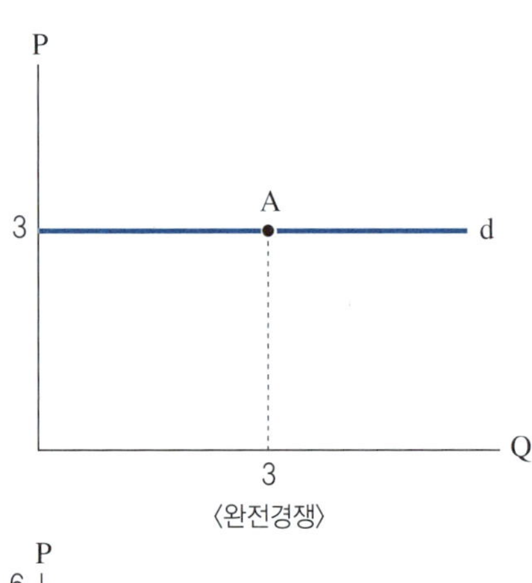

〈완전경쟁〉

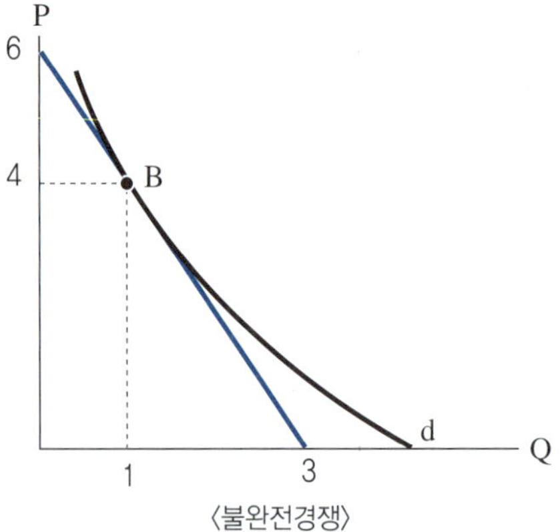

〈불완전경쟁〉

우리는 〈그림 4-5〉에서 다음과 같은 탄력성 계산 규칙을 배웠다.

$Q = a - bP$일 때, $E_D = b\frac{P_0}{Q_0}$. 이를 〈그림 9-1〉에 적용해 보면 다음과 같다.

완전경쟁 하에서 기업이 직면하는 수요는 수평선이므로, $b = \infty$이다. 이를 계산 규칙에 넣어보면 $E_D = \infty$임을 알 수 있다.

불완전경쟁 하에서 기업이 직면하는 수요에서 B점(1, 4)에서의 접선을 긋고 탄력성을 계산해보면,

$E_D = \frac{1}{2} \times \frac{4}{1} = 2$이다.

6.

(a) 금액

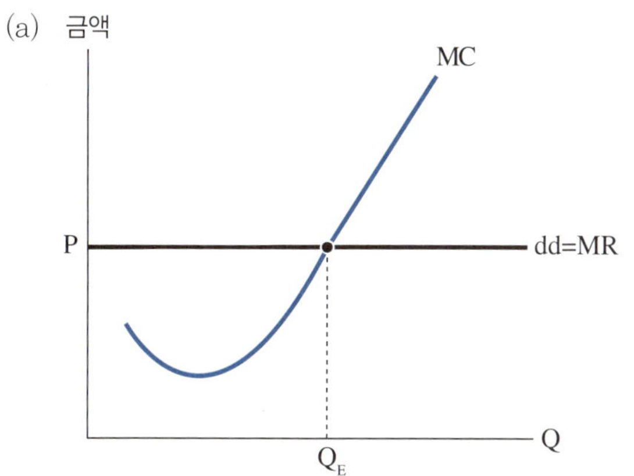

(b) 금액

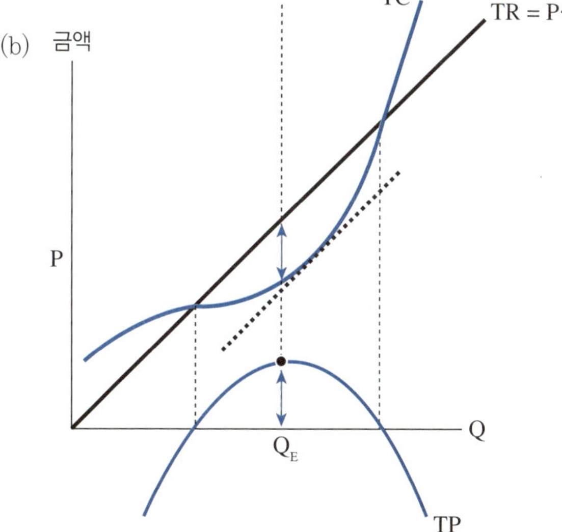

완전경쟁시장의 수요곡선이 수평으로 눕는 이유는 완전경쟁에 노출된 기업은 시장에서 차지하는 부분이 아주 작아서 주어진 시장 가격에 순응해야 하기 때문이다. 이렇게 수평으로 누운 개별기업의 수요곡선은 MR곡선과 일치하는데, 그 이유는 완전경쟁자는 판매량이 늘어도 가격이 하락하지 않기 때문이다. 즉, 마지막 단위를 하나 더 팔아도 전과 같은 가격을 받으니 단위당 가격 P는 항상 MR과 같다.

완전경쟁기업에도 한계비용이 한계수입과 일치하는 수준에서 생산한다는 경제논리를 그대로 적용할 수 있는데, 위에서 우리는 완전경쟁시장에서는 한계수입이 단위당 가격과 일치한다는 것을 알았으므로 완전균형조건 $MC = P$를 도출할 수 있다. 즉, $MC = MR = P$인 것이다. 따라서 이 완전경쟁시장의 기업은 그래프 (a)에 시장가격 P에서 Q_E만큼의 양을 생산한다.

그래프 (b)를 보면 이윤극대화 균형점인 $Q = Q_E$에서 TR과 TC의 기울기가 일치하는데, 이는 위의 설명에 의하면 당연한 것이다. TR의 기울기가 MR이고 TC의 기울기가 MC이기 때문에, MR과 MC의 값을 일치시키는 Q_E점에서는 두 그래프의 기울기가 같을 수 밖에 없다.

7.

고정비용이 $100,000, 1단위당 생산비용이

400 + 600 = $1,000이므로, 한계비용은 $1,000이다.

이 상품의 수요곡선을 계산해보면 $Q = -100P + 300{,}000$이므로, 이를 가지고 한계수입을 계산해보면,

한계수입은 $\frac{\partial TR}{\partial Q} = \frac{\partial PQ}{\partial Q} = -\frac{1}{50}Q + 3{,}000$이 된다.

독점자는 한계비용과 한계수입이 일치하는 수준에서 산출량을 결정하므로,

$1{,}000 = -\frac{1}{50}Q + 3{,}000$, $Q = 100{,}000$만큼 생산한다.

이 산출량을 수요곡선에 대입하면 $P = 2{,}000$을 도출할 수 있다.

8.

수요곡선이 가격 비탄력적인 구간에서는 가격을 1% 내리면 생산량이 1%보다 적게 증가하므로, 결국 총수입은 감소하고 한계수입은 음의 값이다. 독점적인 생산자는 한계수입과 한계비용이 일치하는 곳에서 생산함으로써 이윤을 극대화하고자 하는데, 한계비용이 음이 될 수는 없으므로 한계수입이

음인 가격 비탄력적인 구간에서는 MC와 MR이 절대로 일치하지 않는다. 따라서 이윤을 극대화하는 독점자는 절대로 이 구간에서 산출량을 정하지 않는다.

9.

이윤을 극대화하고자 하는 기업은 $MC = MR$인 부분에서 생산량을 정하고, 이 생산량을 공급할 때 거래에서 수용될 수 있는 최고한도의 가격을 매긴다.

잘못된 진술대로 기업이 언제나 거래에서 수용될 수 있는 최고한도의 가격을 매긴다면, 이는 생산량을 극도로 줄이고 이에 따른 높은 거래 가격을 매기고자 함을 뜻한다. 그러나 이때 기업은 이윤을 극대화하지 못한다. 기업이 이윤을 극대화할 수 있을 때는, 기업이 한 단위를 더 생산함으로써 얻는 이득과 비용이 같아질 때다. 따라서 기업은 MC와 MR이 일치하는 수준의 산출량을 먼저 확인한 후, 이 산출량을 생산할 때 거래에서 받아들여질 수 있는 최고한도의 가격을 매기고자 한다.

10.

(생략)

11.

a. 상식적으로 생각해보았을 때, Q를 산출하였을 때의 이윤은 Q를 산출함으로써 얻은 총수입에서 총비용을 차감한 값과 같다.

b. TP가 최대가 되는 생산량은, $TP'(q) = 0$이 되는 q이다. 이때, $TP = TR-TC$이므로, $TP'(q) = TR'(q)-TC'(q) = 0$을 만족하는 q를 구하면 된다. 따라서 $TC'(q) = TR'(q)$일 때 이윤함수는 최대에 도달한다.

그런데 정의 상 $TC'(q) = MC$, $TR'(q) = MR$이므로, $TC'(q) = TR'(q)$는 $MC = MR$과 같은 말이다. 이는 한 단위를 더 생산할 때 얻을 수 있는 비용과 이득이 일치하는 점에서 생산할 때 이윤이 극대화된다는 원리의 재확인이다.

제10장 소수의 경쟁

새뮤얼슨의 경제학 [상권] : pp. 387~388

1.

	완전경쟁	독점	담합형 과점	독점적 경쟁
(a) 기업의 수	다수	1	소수	다수
(b) 담합의 정도	없음 (다수기업)	없음 (단일기업)	존재(강함)	없음 (다수기업)
(c) 가격과 한계비용	$P = MC$	$P>MC$	$P>MC$	$P>MC$
(d) 가격과 장기평균비용	$P = LAC$	$P>LAC$	$P>LAC$	$P = LAC$
(e) 효율	효율적	비효율적	비효율적	비효율적

2.

a. 4대기업 집중률

$= (1000 + 800 + 600 + 400)/3601 \approx 77.8\%$

6대기업 집중률

$= (1000 + 800 + 600 + 400 + 300 + 200)/3601 \approx 91.6\%$

b. HHI =

$$\left(\frac{1000}{3601}\right)^2 + \left(\frac{800}{3601}\right)^2 + \left(\frac{600}{3601}\right)^2 + \left(\frac{400}{3601}\right)^2 + \left(\frac{300}{3601}\right)^2 + \left(\frac{200}{3601}\right)^2 + \left(\frac{150}{3601}\right)^2 + \left(\frac{100}{3601}\right)^2 + \left(\frac{50}{3601}\right)^2 + \left(\frac{1}{3601}\right)^2$$

≈ 0.17930

c. 새로운 HHI =

$$\left(\frac{1800}{3601}\right)^2 + \left(\frac{600}{3601}\right)^2 + \left(\frac{400}{3601}\right)^2 + \left(\frac{300}{3601}\right)^2 + \left(\frac{200}{3601}\right)^2 + \left(\frac{150}{3601}\right)^2 + \left(\frac{100}{3601}\right)^2 + \left(\frac{50}{3601}\right)^2 + \left(\frac{1}{3601}\right)^2 \approx 0.35204$$

3.

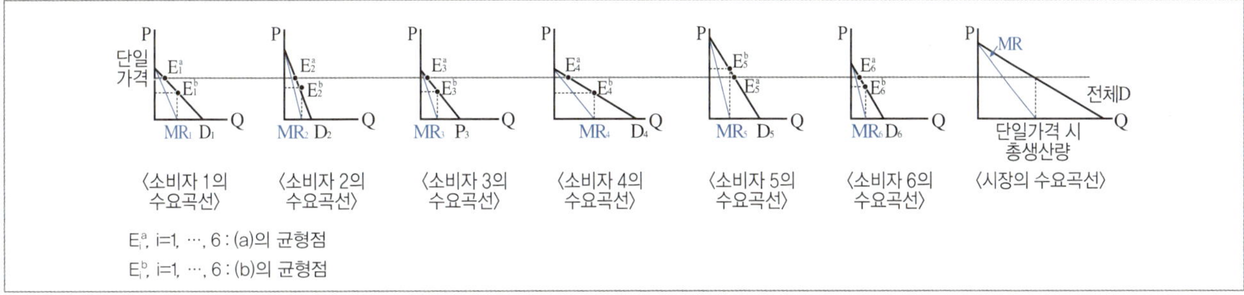

$MC = 0$이라 가정

(a) 모든 소비자가 단일 가격에 직면하는 상황에서는, 여섯 개의 수요곡선을 모두 수평합하여 얻은 전체 수요곡선에서 $MR = MC$인 산출량을 만족하는 단일가격을 설정한다.

(b) 만약 각 소비자에게 완전한 가격차별이 이루어질 수 있다면 각 소비자의 수요곡선의 MR과 MC가 일치하는 산출량을 만족하는 가격을 소비자마다 매겨서 이익을 극대화 한다. 본래 독점기업이 단일가격을 정할 경우 이익을 높이기 위해 가격을 높이고 공급량을 줄이느라 열정적인 구매자의 수요는 장악하지만, 망설이는 구매자의 수요는 잃게 된다. 그러나 가격차별이 가능해진다면, 높은 가격을 지불하려는 사람에게는 높은 가격을, 낮은 가격을 지불하려는 사람에게는 낮은 가격을 매길 수 있어 결국 전체적으로 공급하는 양은 단일가격의 경우보다 훨씬 증가하게 된다. 결국 독점기업은 가격차별을 통해 자신의 이윤도 높이고 소비자 만족도 높일 수 있다.

4.

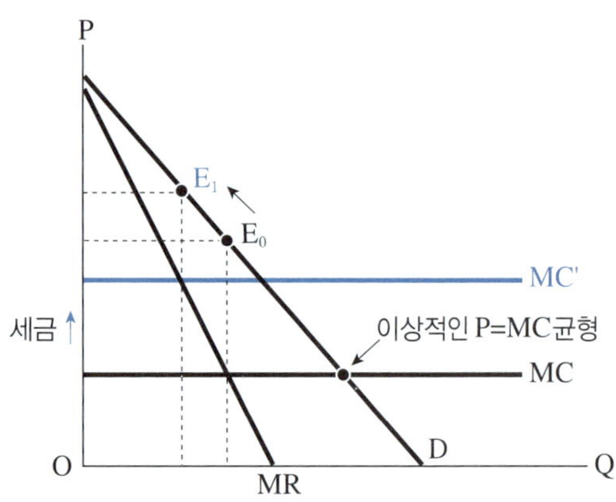

세금 부과 후 균형점이 이상적인 점에서 더 멀어진다.

5.

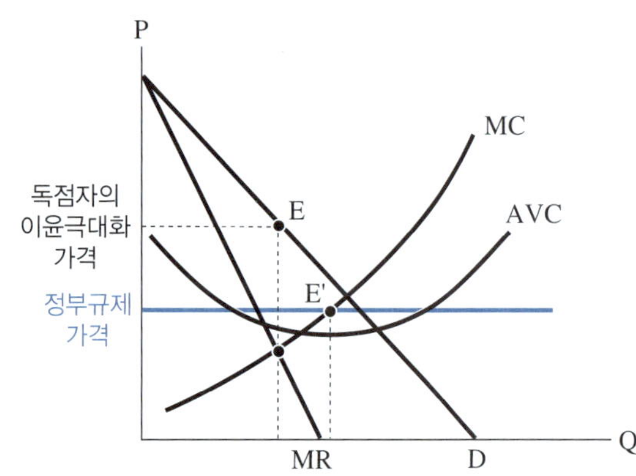

수요곡선의 가격 비탄력적인 부분에서는 한 단위 더 공급할 경우 가격이 1% 떨어지면 수요가 그것보다 덜 오르기 때문에 총수입이 줄어든다. 따라서 *MR*이 음인 구간이다. 그런데 이윤극대화 독점자는 $MR = MC$인 곳에서 산출량을 정하는데, $MC<0$일 수는 없으므로 이 구간에서는 생산이 일어나지 않는다.

그러나 정부가 가격을 규제함으로써 수요곡선의 비탄력적 구간에서도 생산하도록 강제할 수는 있다. 그래프에서 볼 수 있듯이 $MR<0$인 비탄력적 구간에서도 가격이 *AVC*보다 높게 형성되어 있기만 하다면, 정부는 가격을 독점기업에게 강제할 수 있다. 그 수준에서 독점기업은 생산을 계속하는 것이 이득이기 때문이다.

이러한 정부규제가 있는 상황에서 정부규제 가격이 인상되면 독점자의 수입과 이윤에 어떤 영향을 미칠까?

(a) 독점자가 수요곡선의 탄력적 구간에서 생산하고 있는 경우, 정부 규제 가격이 상승할 때 수요는 가격상승률보다 더 크게 감소하므로 수입은 감소하고 이 경우 독점자의 이윤극대화 가격에 더 가까워지므로 이윤은 증가한다. (혹은 이윤과 수입이 변화하지 않을 수도 있다. 본래의 정부규제 가격보다 낮은 가격에서 생산하고 있을 때가 바로 그렇다.)

(b) 독점자가 수요곡선의 비탄력적 구간에서 생산하고 있는 경우, 정부규제 가격이 상승할 때 수요는 가격상승률보다 덜 감소하므로 수입은 증가하고 이 경우 독점자의 이윤극대화 가격에 더 가까워지므로 이윤은 증가한다.

(c) 독점자가 수요곡선의 단위 탄력적 구간에서 생산하고 있는 경우, 정부규제 가격이 상승할 때 수요는 가격상승률만큼 감소하므로 수입은 일정하고 이 경우 독점자의 이윤극대화 가격에 더 가까워지므로 이윤은 증가한다.

6.

(생략)

7.

a.

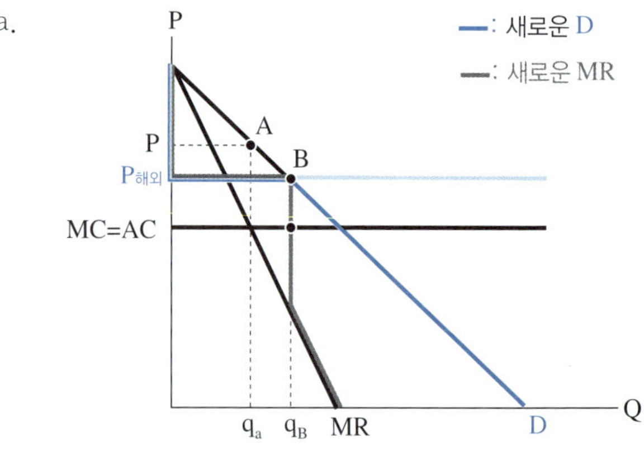

$MC = AC$이고 Q에 상관없이 일정하다고 가정하자.

해외 경쟁자가 $AC = MC < P_{해외} < P$인 곳에서 무한 탄력적인 산출량을 공급할 경우, 국내 독점기업의 수요곡선은 *D*로 바뀌며, 그에 따른 *MR*는 위와 같이 나타난다. 이때

때 새로운 MR과 MC가 만나는 점의 산출량 q_B와 그에 해당하는 가격을 보면 이제 독점자는 이전보다 더 많은 공급량(q_B)을 더 싼 가격($P_{해외}$)에 공급하고 있음을 알 수 있다.

b.

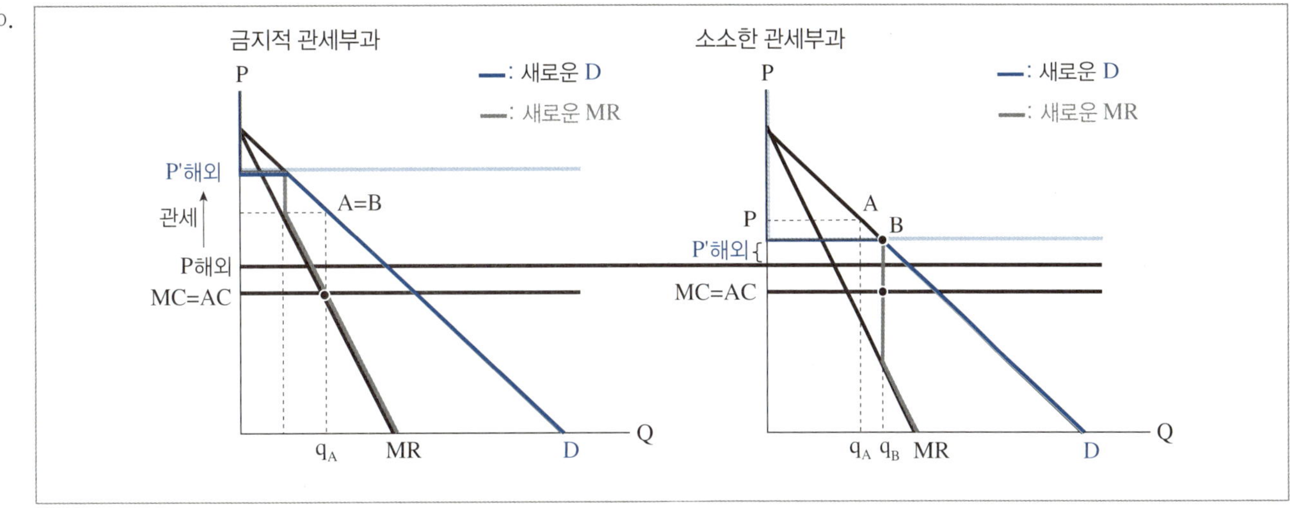

수입을 차단할 만큼 높은 관세를 부과할 경우, 그래프에 나타난 것과 같이 수요곡선과 MR곡선이 바뀐다. 이 때 주의할 것은 $MR = MC$인 점이 경쟁자가 등장하기 이전과 동일하다는 것이다. 따라서 금지적 관세를 부과할 경우 독점적 기업은 해외 경쟁자의 시장진입 전과 똑같은 양을 똑같은 가격으로 변함없이 공급하게 된다. 즉 지나치게 높은 관세로 인해 해외 기업이 국내에 전혀 진입하지 못했음을 뜻한다.

소소한 관세를 부과할 경우에는 $MR = MC$인 점이 나타내는 산출량이 관세를 부과하기 이전보다 더 작은 값(q_B)을 나타내긴 하지만 해외 경쟁자가 등장하기 이전보다는 큰 값을 나타낸다. 따라서 관세를 부과하기 이전보다는 효과가 덜하지만 그래도 해외 경쟁자가 등장하기 이전보다는 많은 공급량을 더 싼 가격에 공급하게 된다.

적당한 관세를 공급하는 것은 국내 산업의 보호에 도움이 되겠지만, 위에서 살펴보았듯이 지나치게 많은 금지적 관세를 부과할 경우 독점적 기업은 해외 경쟁자의 등장과 상관없이 계속 독점적 이윤과 생산량을 유지하게 된다. 따라서 지나친 관세는 독점의 유지와 존속에 도움을 주게 되는 것이다.

8.

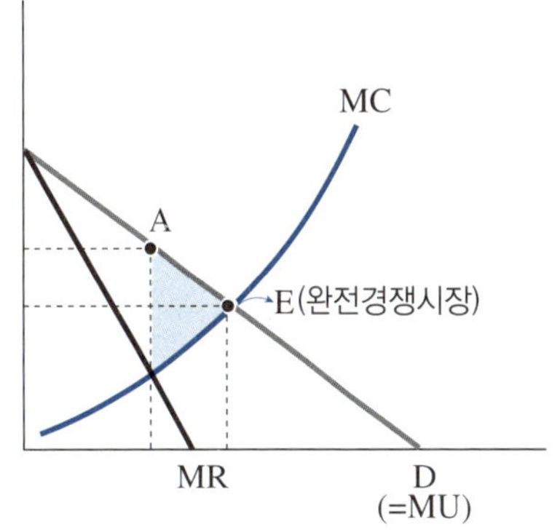

완전경쟁에서 개별 판매자와 개별 구매자는 시장에 영향을 미칠 힘이 없기 때문에, 가격이 한계비용과 일치하고 한계효용과 일치하는 지점으로 수렴하게 된다. 반면 독점경쟁에서는 공급자가 가격을 설정할 능력이 있으므로, 의도적으로 적게 공급함으로써 높아진 가격의 이득을 누리고자 한다. 따라서 독점경쟁의 균형은 완전경쟁 균형에 비해 산출량은 줄고 가격은 높아지며, 사회에 적절하게 공급이 이루어지지 못한다. 이 때문에 독점경쟁 균형은 완전경쟁에 비해 그래프에 표시된 만큼의 비효율을 초래하는데, 이 삼각형을 자중손실이라고도 부른다.

자중손실은 MU와 MC의 차이로 구성된 삼각형의 크기인데, 그 이유는 완전경쟁의 균형조건을 설명함으로써 이해할 수 있다. 완전경쟁의 균형조건인 $MC = P = MU$는 한 상품을 생산함으로써 들어가는 비용과 그로 인해 얻을 수 있는 소비자의 효용이 같음을 의미한다. 그리고 그 만큼의 가격을 지불하게 된다. 그런데 독점균형에서처럼 A점에서 균형이 형성되면, Q를 한 단위 더 늘림으로써 얻을 수 있는 효용이 비용보다 더 큼에도 불구하고 생산을 중단함으로써 사회가 더 얻을 수 있는 총 혜택을 잃게 되는 것이다. 따라서 이 부분을 자중손실로 계산하게 된다.

9.

몰리 \ 너클	자백	부인
자백	(5년, 5년)	(3개월, 10년)
부인	(10년, 3개월)	(1년, 1년)

몰리의 우월전략을 살펴보자. 너클이 자백할 경우나 부인할 경우 모두 자백하는 것이 몰리에게는 형을 줄이는 방법이다. 너클의 경우도 몰리가 어떤 행동을 취하든 간에 자백하는 것이 형을 줄이는 방법이다. 따라서 두 사람은 모두 우월 전략인 자백을 하며, (자백, 자백)하여 5년 동안 수감생활을 하는 것이 우월균형이 된다.

만약 둘이 자백하지 않고, 무조건 부인하기로 하는 구속력 있는 약속을 할 수 있다면 두 사람은 모두 1년형만 받을 수 있다.

10.

완전경쟁이라면 가격이 MC보다 높을 경우 기업은 추가적인 진입을 통해서 균형점에 도달할 때까지 가격은 내려간다. 그런데 마이크로소프트는 49달러를 매길 수 있는 상황이었음에도 불구하고 더 높은 가격을 매기고 있는 것으로 보아 완전경쟁자라고 할 수 없다. 이렇듯 마이크로소프트가 독점기업인지 알아보기 위해서는 마이크로소프트의 업그레이드 제품의 한계비용에 대한 정보가 필요하다.

11.

a. 완전경쟁의 경우 수요곡선의 가격탄력성은 항상 무한대이다. 반면 독점적 경쟁의 경우 기업은 수요곡선의 가격탄력성이 양의 값, 즉 가격탄력적인 구간에서 산출량을 결정한다.

b. 완전경쟁에서는 가격과 한계비용이 일치한다. 반면 독점적 경쟁의 경우 가격이 한계비용보다 높은 곳에서 설정된다.

c. 완전경쟁에서는 경제적 이윤이 0에 이를 때까지 기업들이 진입하기 때문에 장기균형에서 이윤은 항상 0이 된다. 독점적 경쟁의 경우에도 기업들의 진입이 자유롭기 때문에 장기균형에서 이윤은 0이 된다.

d. 완전경쟁의 균형에서는 $MC = MU(d) = P$이기 때문에 경제적인 효율성이 유지된다. 반면 독점적 경쟁의 경우 MC와 MU가 불일치하는 곳에서 균형이 형성되기 때문에 비효율적이다.

12.

(a)

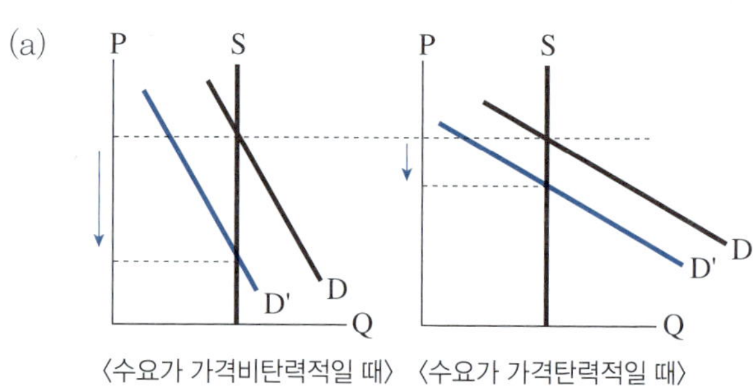

〈수요가 가격비탄력적일 때〉 〈수요가 가격탄력적일 때〉

(b)

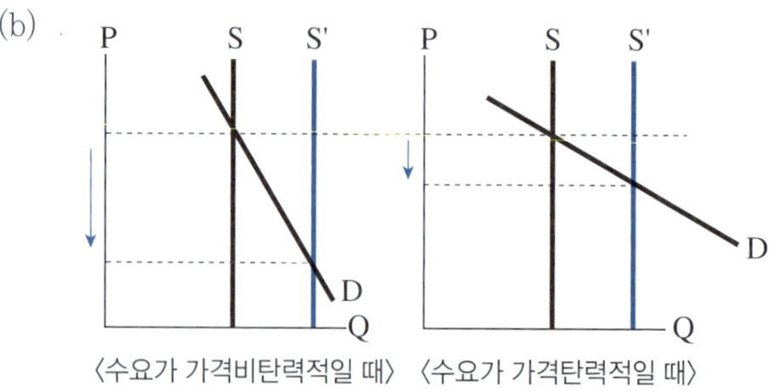

〈수요가 가격비탄력적일 때〉 〈수요가 가격탄력적일 때〉

그래프를 참조하라.

제 11 장 불확실성의 경제학

새뮤얼슨의 경제학 [상권] : pp. 420~421

1.

금액으로 따진다면 이 내기의 기댓값은 0이다.

내기의 기댓값 $= \frac{1}{2} \times 100 + \frac{1}{2} \times (-100) = 0$

그런데 만약 위험 기피적인 경우 효용의 기댓값은 음이 된다. 이겨서 얻게 되는 금액과 져서 잃게 되는 금액이 같은데, 위험 기피적인 경우 소득 상실이 주는 효용의 감소가 같은 크기의 소득 획득이 주는 효용보다 크기 때문이다.

2.

성적 보험이 나오는 경우 도덕적 해이와 역선택이 나타날 수 있다. 보험에 가입한 사람들은 낮은 성적에 대한 보상을 받을 수 있다는 생각에 공부를 덜하게 되어 도덕적 해이가 발생할 수 있다. 또한 성적이 낮은 편인 학생들이 보험에 더 가입하게 되어 역선택이 발생할 수 있다. 이렇게 도덕적 해이와 역선택이 발생하면 보험회사는 성적보험의 판매를 꺼려할 것이다. 왜냐하면 도덕적 해이와 역선택의 발생으로 보험회사가 애초에 계산했던 것보다 보험에 가입한 학생들의 성적이 떨어질 확률이 높아져서 지불해야 하는 보험금이 늘어나 손해를 볼 수 있기 때문이다. 따라서 만약에 어떤 사람이 성적 보험에 가입하고자 하였는데 거절되었다면, 그 사람은 도덕적 해이를 저지를 가능성이 높거나 성적이 낮은 층에 속하는 것으로 분류된 학생일 수 있다.

3.

보험시장이 형성되고 제대로 작동하기 위해서는 몇 가지 조건이 필요하다. 그 가운데 하나가 보험을 적용하는 사건이 이전에 충분히 많이 발생되어야 한다는 것이다. 그래야 그 위험이 발생할 확률을 정확히 예측하여, 보험회사가 적절한 수준의 보험료를 책정할 수 있다. 그렇지 않으면 보험회사가 큰 손실을 입을 수 있다. 하지만 '테러'의 위험은 이전에 누적된 경험이 충분하지 않아서 보험회사가 테러 발생 확률에 대해 정확히 추정하기가 어렵다. 따라서 보험회사들이 테러공격으로 인한 재산 피해를 보장하는 보험을 취소하게 된다.

대신 연방정부가 나서서 보험 제공을 하였는데, 이 정책은 사회보험의 적절한 형태라고 할 수 있다. 민간 보험시장이 효과적으로 작동하지 않지만, 테러의 위험에 대비해 사회적 안전망을 국가가 제공하면 사회적 후생이 높아질 수 있기에 연방정부가 보험 제공 정책을 실시한 것이기 때문이다.

4.

19세기에는 지역별 농산물의 가격차이가 지금보다 컸을 것이다. 19세기 초에는 시장이 지금처럼 많이 발달하지 않았고, 운송수단도 미비하여 운송비도 높았다. 하지만 현재는 시장이 발달하고 운송비도 저렴해지면서 가격이 높은 곳에서 상품을 구매하여 가격이 낮은 곳에서 파는 투기(차익거래)가 더 많아졌다. 이러한 투기행위로 말미암아 지역별 농산물의 가격차이가 줄어들게 된다.

5.

만약에 한 개인이 20억 달러를 투자하여 마이크로소프트 윈도우즈에 대항하는 상품을 개발하고자 한다면 그로 인한 손실도 한 사람이 전부 감당하여야 한다. 즉, 그 사람에게는 최대 20억 달러의 손실이 날 수 있다. 하지만 광범위한 투자자들이 상장된 주식을 소유하고 있는 상장 주식회사라면 이 위험이 분산될 수 있다. 예를 들어, 만약 20만 명의 사람들이 이 회사의 주식을 보유하고 있다면 20억 달러의 손실은 20만 명에게 나누어져서 분산되기 때문에 각자 입게 되는 손실은 10,000달러로 20억 달러에 비해 굉장히 작아진다. 만약에 투자자들이 더 많다면 위험을 더 많이 분산시킬 수 있을 것이다.

6.

역선택이란, 보험에서 보장해주는 위험이 발생할 확률이 높은 사람이 보험상품을 매수할 가능성이 더 높기 때문에 발생하는 시장실패이다. 즉, 건강이 비교적 좋지 않아서 앞으로 질병이 발생할 확률이 높은 환자들이 의료보험에 더 많이 가입하게 되면 역선택이 발생한 것이다. 하지만 만약 이미 있는 질병에 대해 보장을 제공하지 않는다면, 역선택의 문제가 완화될 수 있다. 이미 질병이 있는 환자, 즉 의료보험이 보장해주는 위험이 발생할 가능성이 큰 사람들이 보험에 가입할 유인이 적어지기 때문이다.

7.

독점기업은 산출량을 낮게 유지하고 가격을 높임으로써 독점이윤을 획득한다. 하지만 이로 인해서 사회적으로는 자중손실이 발생한다. 그러나 슘페터의 말처럼 독점기업들이 제품의 생산기술을 빠르게 발전시키고 생활수준을 높이는 데 기여한다면 사회 전체의 효율을 높일 수 있다. 전자는 기술변화가 없다고 가정하였기 때문에 독점의 '정태적' 비효율이라고 칭하고, 후자는 기술변화를 가정하였기 때문에 '동태적' 효율이라고 말한다. 전자는 독점의 부정적인 측면을, 후자는 독점의 긍정적인 측면을 강조한다.

8.

대체로 의료서비스는 소득탄력성이 높다. 다시 말해, 소득수준이 높아질수록 각종 의료서비스에 대한 수요가 늘어난다. 따라서 고령자 장기요양이 들어있는 항목들 중 목욕, 옷 입기, 용변 치르기 등을 보조하는 것들은 100년 전에는 없었으나, 최근 들어 소득 수준이 높아지고 이러한 서비스에 대한 수요가 생기면서 추가된 것이다. 또한 이전에는 대가족이 함께 살았기 때문에 가족들이 거동이 힘든 고령자에게 도움을 줄 수 있었다. 하지만 오늘날 점차 핵가족화가 진행되면서 그것이 불가능해지자 고령자 생활 보조 서비스에 대한 수요가 늘어났을 수 있다.

그런데 장기요양보험은 도덕적 해이와 역선택의 문제가 발생할 가능성이 높다. 보험에 가입했기 때문에 건강을 더 잘 챙기지 않는 사람들이 생기고, 장기요양보험이 보장해주는 위험이 발생할 가능성이 큰 사람들이 건강한 사람들보다 더 많이 가입하려고 하기 때문이다. 따라서 위험이 발생할 가능성이 전반적으로 더 높아져서 보험사가 지불해야 할 보험금이 높아지게 된다. 보험사는 자신이 지급해야 하는 보험금의 기댓값만큼을 보험 가입자들에게 나누어 보험료를 받기 때문에, 보험사가 지불해야 할 보험금이 높아지면 장기요양 보험의 가격이 비싸지게 된다.

9.

새로운 발명을 한 사람이 그 발명의 가치를 모두 차지할 수 없는 것을 '비전유성'이라고 한다. 이는 다른 기업들이 새로운 발명품을 모방할 수 있고, 또 그런 기업들로 인해서 신제품의 가격이 떨어질 수 있기 때문이다. 이 때문에 발명을 한 사람은 큰 수익을 얻기 어려울 수 있다. 하지만 사회적으로 누리는 이익은 그대로이거나 더 높아질 수 있다. 따라서 발명의 사적 수익률은 대체로 발명으로 얻는 사회적 수익률에 비해 낮은 것이다.

memo

제 3 부

요소시장 : 노동, 토지, 자본

제 12 장 시장은 어떻게 소득을 결정하는가

새뮤얼슨의 경제학 [상권] : pp. 454~455

1.

밀 경작지－밀, 휘발유－자동차, 이발사－이발 서비스, 포도즙을 짜는 도구－포도즙, 경제학 교과서－경제학 수업

2.

a. (3) 30, 20, 10, 5, 3, 0
(5) 150, 100, 50, 25, 15, 0

b.

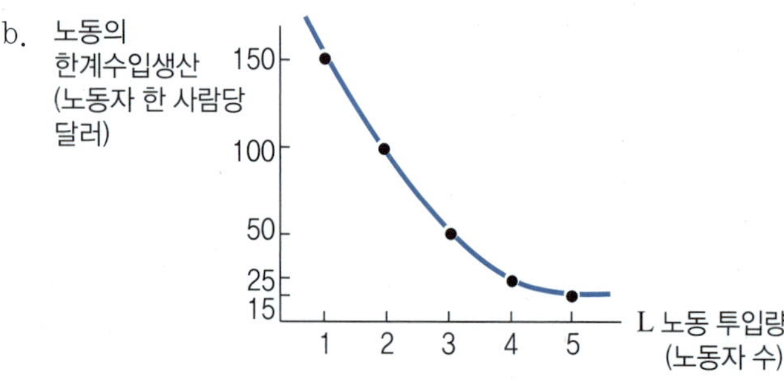

c. b의 그래프에 따르면 피자 생산 노동자들의 임금이 30달러이면 3명이 고용된다.

d.

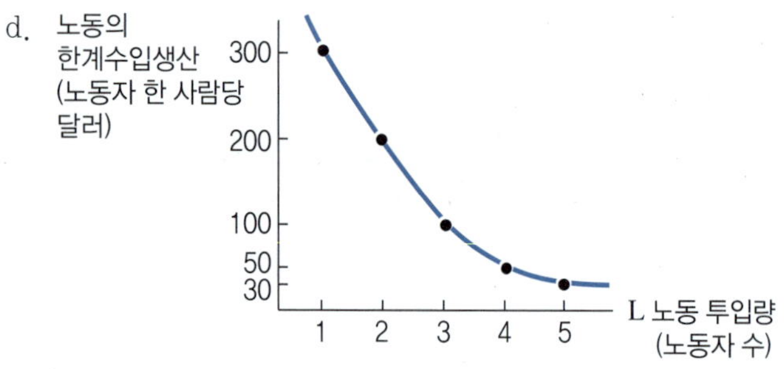

피자가격이 두 배로 오르면 노동 수요곡선이 오른쪽으로 이동한 것과 같다. 따라서 다른 조건이 일정하다면 같은 임금에 더 많은 노동자들이 고용된다. c에서처럼 피자 생산 노동자들의 임금이 30달러이면 5명이 고용된다.

3.

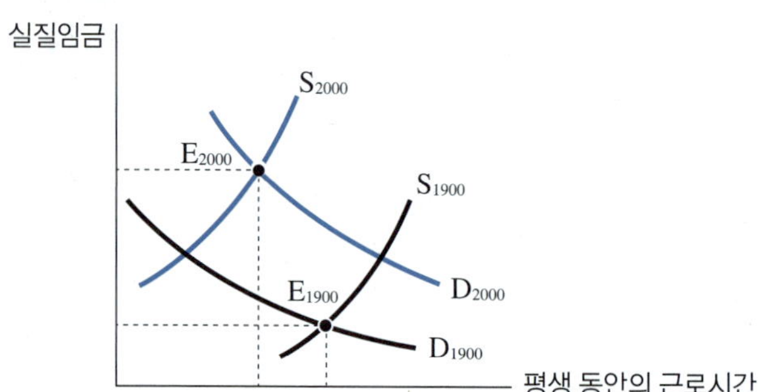

문제에 주어진 상황을 그래프로 표시하면 다음과 같다. 그래프를 보면 1900년에 비해 2000년에는 노동의 한계생산성이 높아져서 노동의 수요곡선이 오른쪽으로 이동하였고, 노동 공급곡선은 왼쪽으로 이동하였다. 따라서 2000년의 새로운 균형에서는 1900년의 균형점에 비해 실질임금은 높아지고 평생 동안의 근로시간은 줄어들었다. 1900년과 2000년 사이에 노동 공급곡선은 왼쪽으로 이동한 것이다. 이렇게 노동 공급이 줄어든 것의 핵심 요인으로는 저출산, 고령화, 실업급여 지급 등이 있을 수 있다.

4.

a. 한계수입생산은 해당 요소(노동자) 한 단위를 더 사용함으로써 추가로 생산하는 산출물의 화폐가치이다.("한계"라는 점에 주의하자)

b. 분배이론은 간단하지 않다. 생산요소인 토지, 노동, 자본의 생산성은 상호의존적이기 때문에, 생산물에 각각의 생산요소가 기여한 바를 정확히 분리해 내기가 어렵다.

c. 완전경쟁 하에서 노동자는 노동 수요곡선과 노동 공급곡선이 만나는 균형점에서의 임금을 지불받는다. 또한 생산에는 원료 외에도 다양한 생산요소들이 필요하기 때문에, 노동자가 총산출량에서 원료비용을 뺀 나머지를 지불 받는다는 진술은 틀렸다.

5.

(생략)

6.

두 주장은 생산에 있어서 생산요소 간의 상호의존성을 간과하고 있다. 어떤 상품의 생산을 위해서는 노동 혹은 자본만 있어서는 안 되고, 두 요소가 모두 필요하다. 따라서 두 요소가 모두 생산에 필요한 것은 사실이다. 하지만 생산을 위해서는 다른 생산요소가 있어야 하기 때문에 노동 혹은 자본이 모든 생산물을 누릴 자격이 있는 것은 아니다.

만일 이러한 주장에 따른다면, 노동에게 산출물의 100%, 자본에게 산출물의 100%를 분배해야 하기 때문에 산출물의 200%를 생산요소에 분배해야 한다. 하지만 신고전파 한계생산성 이론에서 요소 가격은 다수의 토지소유자와 다수의 노동자들의 경쟁을 통해 각 요소의 한계생산과 일치하게 된다. 그 결과 산출물 100%가 각 생산요소에 모두 분배된다.

7.

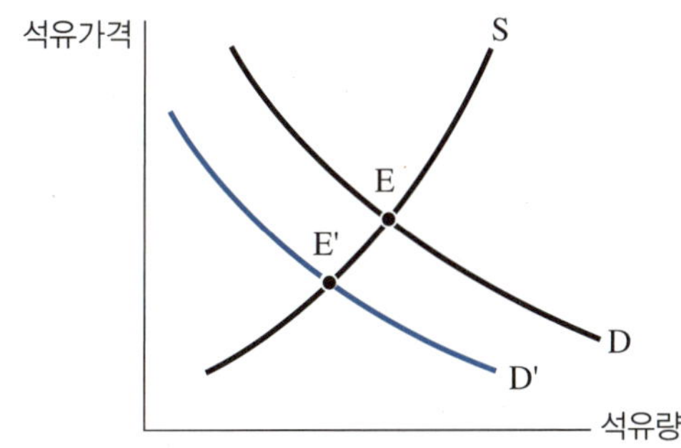

실용적인 전기자동차의 출시로 석유수요가 감소하면, 석유 수요곡선이 왼쪽으로 이동하고, 새로운 균형점은 *E'*가 된다. 기존의 균형에 비해 새로운 균형에서는 석유가격은 낮고 석유 소비량도 낮다. 따라서 석유 생산자들의 총소득도 감소한다.

8.

(문제의 그래프를 그대로 보고 풀면 된다.)

a. 이민 후 새로운 균형점은 B이다.

b. 이민 유입으로 노동 공급이 크게 증가하면 임금률은 하락한다.

c. 기존의 총이윤은 삼각형 FCA만큼이었는데, 이민 유입 후의 총 이윤은 FEB로 늘어난다. 만약 자본 투입량에 변화가 없다면 이윤율은 상승한다.

d. 새로운 균형점에서 임금률은 하락했으나 이전보다 많은 인구가 노동을 하기 때문에 총임금은 상승했을 수도 있다. 따라서 총임금이나, 총국민소득에서 차지하는 총임금의 점유율이 늘었는지 줄었는지는 말할 수 없다.

e. 이 그래프에 표시된 시장의 노동 수요곡선은 개별 기업의 수요곡선을 수평으로 합해둔 것이다. 따라서 이 그래프로 이민 유입이 전반적인 임금에 미치는 영향을 분석할 수는 있으나, 지역 간 임금의 차이를 설명할 수는 없다.

9.

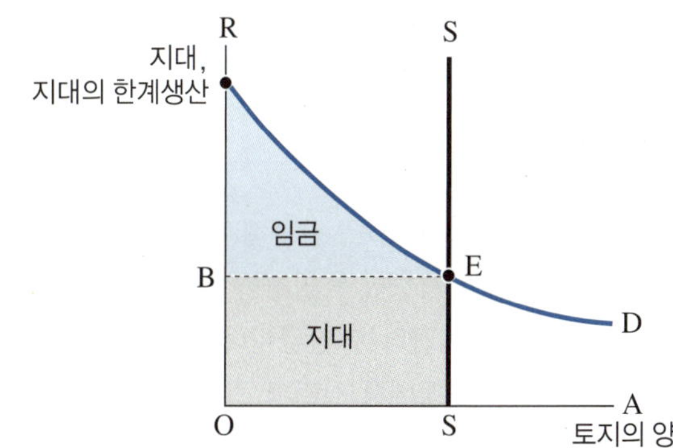

요소소득의 분배를 설명하는 신고전파 이론은 다음과 같은 가정을 한다. 상품이 하나만 존재하고, 상품의 가격은 1이다. 그리고 생산요소로는 노동과 토지가 존재한다. 그러면 완전경쟁 상태의 한계수입생산 $MRP = MP \times P = MP \times 1 = MP$가 된다. 따라서 토지 수요곡선의 모양은 토지의 한계생산 그래프와 같아진다.

이것을 그래프를 통해서 보자. 수확체감의 법칙에 따라서 토지 수요곡선은 우하향하는 모양이다. 그리고 토지의 공급은 자연적인 조건에 따라 고정되어 있기 때문에 토지 공급곡선은 수직이다. 토지 수요곡선과 공급곡선이 만나는 *E*점에서 균형이 형성된다.

총 국민생산은 토지의 한계생산을 모두 더한 것으로 이것의 크기는 ROSE의 면적과 같다. 그 중 사각형 BOSE만큼은 토지에 분배되고, 나머지 부분은 다른 생산요소인 노동에게 임금의 형태로 분배된다.

제13장 노동시장

새뮤얼슨의 경제학 [상권] : p. 489

1.

〈그림 13-7〉에서는 배제를 통한 차별로 인하여 소수집단의 임금률이 떨어지는 상황을 보여주고 있다. 소수집단은 교육 훈련의 기회에서 배제되고, 노동조합과 각 지역의 법률과 관습에 의해서 좋은 일자리에서 배제되기 때문에 저숙련 노동이 필요한 직업으로 밀려나게 되며, 임금률이 떨어지게 된다. 이 문제를 해결하기 위해서는 애초에 이런 차이를 가져온 '배제'를 없애야 한다. 소수집단도 다른 집단과 동일한 교육을 받을 수 있어야 하고, 그들을 좋은 일자리에서 배제하는 여러 법률과 관습을 없애고자 해야 한다.

2.

그래프는 본문의 〈그림 13-6〉을 참고해서 보라.

a. 임금률이란 일정한 시간이나 일정한 양의 노동에 대한 대가로 노동자에게 지급하는 임금이다. 벽돌 설치공 노동조합이 표준 근무규정에서 시간당 설치해야 할 벽돌 수를 60개에서 50개로 낮추면 임금률이 올라간다. 일정한 양의 노동에 대해 받는 보수가 더 커지기 때문이다. 이렇게 높아진 임금률의 수준을 r이라고 하자. 이 상황에서 새로운 균형은 E'가 되고 기존의 균형에 비해 임금은 높아지지만 고용은 줄어든다.

b. 노동조합은 개별 기업 혹은 개별 산업에 있어서의 노동 공급을 합법적으로 독점함으로써 시장지배력을 행사한다. 이 시장지배력을 이용하여 노동조합은 조합원들의 임금률을 높게 유지할 수 있다. 따라서 노동조합의 임금상승 요구가 효과를 보기 위해서는 노동 공급의 독점을 방해하는 요소들을 제거해야 한다. 즉, 해당 기업이나 산업이 다른 경로로 노동을 조달할 수 있는 수단을 막아야 한다.
그런데 항공운항 업계의 규제완화 후 비조합 항공사들의 시장점유가 20% 늘어나게 되면 기존 항공운항 업계의 조합 조종사들의 임금상승 협상의 힘이 약화된다. 따라서 그들의 임금률은 낮아질 것이고 고용은 늘어날 것이다.

c. 미국 다수의 주에서 의사가 담당하던 업무를 간호사가 더 많이 담당하게 되면 의사들의 노동 공급에 대한 독점력이 약해지게 된다. 따라서 의사들의 임금률은 낮아질 것이고 고용은 늘어날 것이다.

d. 일본이 미국으로 수출할 자동차 물량을 제한하기로 합의하였다면 미국 자동차 산업의 노동자들이 갖는 노동 공급의 독점력이 강해진다. 일본 노동자들과의 경쟁이 줄어들었기 때문이다. 따라서 미국 자동차 산업 노동자들의 임금률은 높아질 것이고 고용은 줄어들 것이다.

3.

a. 만약 대학교육 공급의 감소로 대학 입학금이 상승하면 대학교육에 대한 수요량이 줄어들어 대학교육을 받은 노동자의 공급이 줄어들 것이다. 그러면 노동 시장에서 대학교육을 받은 노동자의 임금이 높아져 임금 격차가 더 커질 것이다. 또한 대학교육이 더 좋은 교육환경을 조성하여 인적자본 축적을 더욱 촉진할 수 있게 되어 대학 입학금이 상승한 것이라면, 대학교육을 받은 이들의 인적자본이 더 높기 때문에 이들은 더 높은 임금을 받을 것이다. 따라서 임금 격차는 더 커진다.

b. 유럽 국가들 간에 이민이 자유화되면 사람들이 임금이 높은 곳으로 이동하게 될 것이다. 그러면 원래 임금이 높았던 곳에서는 노동 공급이 늘어나 임금이 하락하고, 반대로 원래 임금이 낮았던 곳에서는 노동 공급이 줄어들어 임금이 상승할 것이다. 따라서 지역 간의 임금 격차가 줄어들게 된다.

c. 교육을 값비싼 사교육으로 운영하던 나라에 무상 공교육을 도입하면 배제로 인한 차별이 줄어들게 된다. 이전에는 비싼 사교육으로 인하여 교육의 기회로부터 배제되었던 소수집단이 존재하여 소수집단에 속한 사람과 여기에

속하지 않은 사람 간의 임금 격차가 컸을 수 있다. 하지만 소수집단도 동등한 교육을 받을 수 있게 되고 이들의 생산성이 올라가 임금이 상승하게 되면 소수집단과 그 외의 집단 간의 임금 격차가 줄어든다.

d. 스포츠 스타나 오락 프로그램에 나오는 연예인들의 숙련 기능은 오늘날 경제에서 높은 값을 쳐준다. 그런데 이들의 공급은 제한되어 있기 때문에 높은 노동지대를 누린다. 만약 기술 변화를 통해서 인기 있는 스포츠와 오락 프로그램을 시청하는 사람이 대폭 늘어나면 이들에 대한 수요가 더 높아져 이 사람들의 노동지대가 더욱 높아질 것이다. 그렇게 되면 스포츠 스타나 연예인들과 다른 사람들과의 임금 격차가 커지게 된다.

4.

a. 다수의 주립 학교들이 여성이 공학을 전공하는 것을 허용하지 않는다면, 여성들은 공학과 관련된 지식을 쌓을 수 없다. 따라서 여성들은 공학과 관련된 고임금 일자리로부터 배제된다. 한편, 여성은 공학에 관심이 있다고 하더라도 공학을 전공할 수 없는 경우가 많기 때문에, 공학에 관한 지식을 쌓을 유인이 떨어진다. 이로 인해 차별적 노동시장의 분단이 영속화된다.

b. a의 경우와 마찬가지로 일류대학교의 다수가 여성 입학생을 받지 않는다면 여성들이 인적자본을 쌓을 기회가 적어진다. 때문에 여성들은 한계생산수입이 낮아서 그만큼 낮은 임금을 받을 수밖에 없다. 또한 여성이 공부하더라도 일류대학에 입학할 기회가 없기 때문에 열심히 공부할 유인이 낮아진다. 이것은 차별적 노동시장의 분단을 영속화시키는 데 기여한다.

c. 백인과 비백인이 교육받는 학교 시스템이 분리되어 있고, 백인이 교육받는 학교 시스템의 질이 더 높다면, 비백인은 백인에 비해 인적자본을 쌓기 어려워진다. 따라서 숙련이 필요한 고임금 직종으로부터 비백인이 배제되어 그들은 낮은 임금의 직종에 종사할 수밖에 없다. 이것은 차별적 노동시장의 분단을 영속화시키는 데 기여한다.

d. 사회의 엘리트 그룹이 여성, 아프리카계 미국인, 가톨릭 교인을 받아드리지 않는다면 그들은 엘리트 그룹에게 제공되는 고임금 일자리로부터 배제되어 상대적으로 낮은 임금의 직종에 종사해야 한다. 이것은 차별적 노동시장의 분단을 영속화시키는 데 기여한다.

e. 고용주들이 도심 빈곤지역 학교를 졸업한 노동자들의 평균 생산성이 낮다는 이유로 채용하지 않는다면, 도심 빈곤지역 학교에 다니는 학생은 자신의 인적자본을 쌓을 유인이 떨어진다. 자신이 열심히 하더라도 높은 임금을 주는 직장에 취직할 수 없기 때문이다. 따라서 기존의 고정관념이 더욱 강화되고, 이것은 차별적 노동시장의 분단을 영속화시키는 데 기여한다.

5.

a.

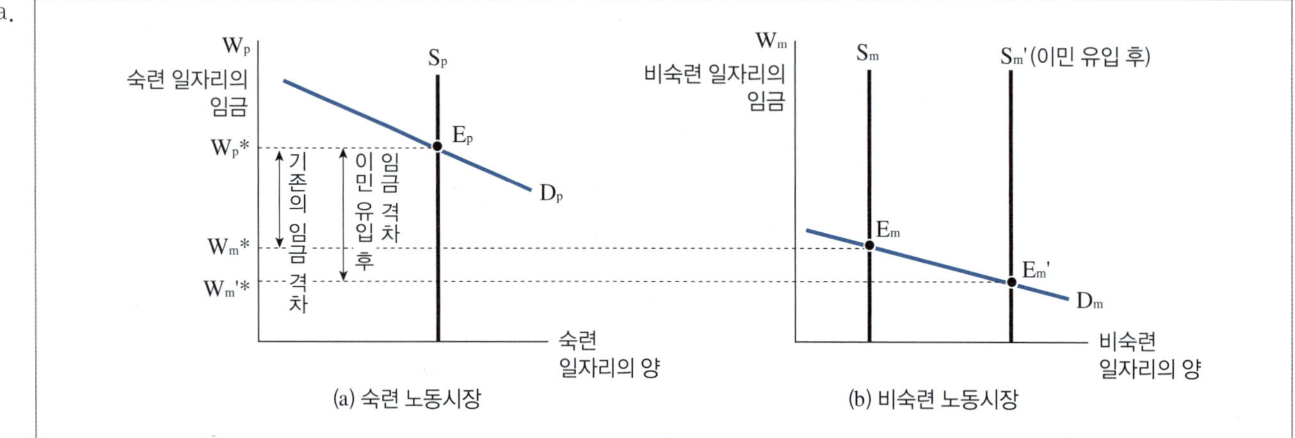

(a) 숙련 노동시장 (b) 비숙련 노동시장

이민 유입으로 인해서 비숙련 노동자의 공급곡선이 오른쪽으로 이동하는 반면, 숙련 노동시장에는 아무변화가 없다고 하면 숙련 노동자와 비숙련 노동자의 임금차이가 더 커진다. 비숙련 노동시장에서 노동 공급곡선이 오른쪽으로 이동하여 비숙련 노동자의 균형 임금이 더 떨어지기 때문이다. 고용수준을 비교해보면, 숙련 노동자의 고용은 그대로이고, 비숙련 노동자의 임금이 낮아졌기 때문에 비숙련 노동자의 고용은 늘어난다.

b.

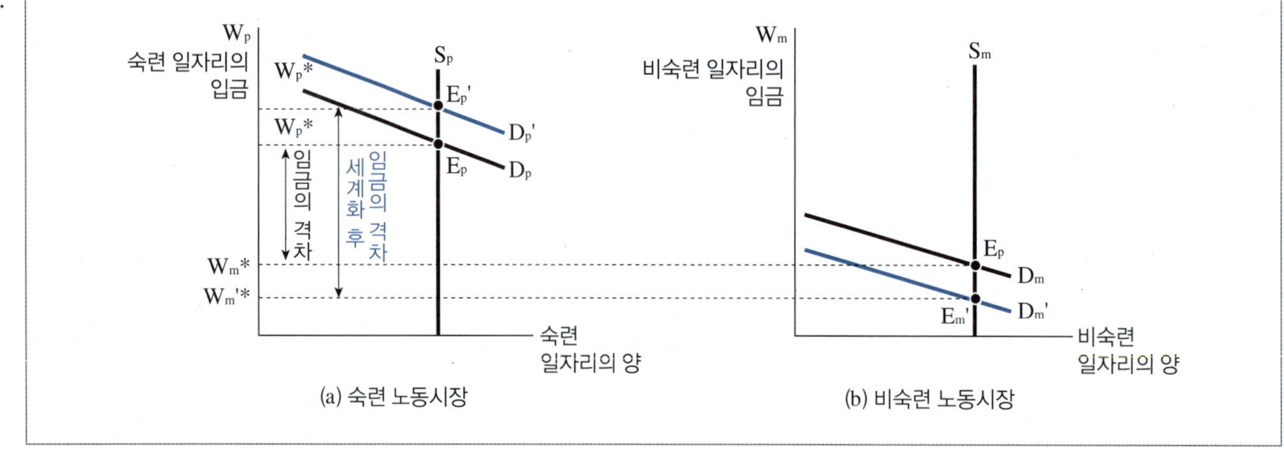

(a) 숙련 노동시장 (b) 비숙련 노동시장

세계화로 인해 숙련 노동자의 수요는 늘어난 반면, 비숙련 노동자의 수요가 줄어들면 숙련 노동자와 비숙련 노동자 사이의 임금 격차가 더욱 심해진다. 숙련 노동시장에서 노동 수요의 증가로 숙련 노동자의 임금은 상승하지만, 비숙련 노동시장에서 노동 수요의 감소로 비숙련 노동자의 임금은 하락하기 때문이다. 그래프를 보면 임금의 격차가 더 커진 것을 확인할 수 있다.

6.

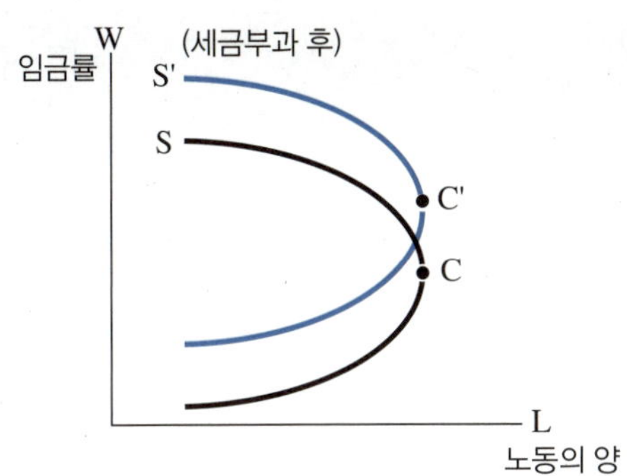

	세전임금(W)	세후임금 ($Wp = (1-t)W$)
$t = 0$	20	20
$t = 0.15$	20	17
$t = 0.25$	20	15
$t = 0.4$	20	8

세금이 노동자에게 부과되면 세금의 크기만큼 노동 공급곡선이 위로 올라간다. 노동자는 세금을 내야하기 때문에 이전에 W만큼의 임금을 받고 L만큼 일을 했다면, 이제는 $W + Wt$만큼의 임금을 받아야 L만큼의 일을 한다.

이렇게 노동 공급곡선이 변화하는 것은 점 C의 위 구간과 아래 구간에 다른 영향을 미친다. 점 C의 위 구간은 소득효과가 대체효과보다 커서 임금이 높아질수록 노동 공급량이 줄어드는 구간이다. 이 구간만 따로 떼어놓고 보면, 세금이 부과될 경우 이 구간의 노동 공급곡선은 오른쪽으로 이동한다. 즉, 노동 공급이 늘어난다.

점 C의 아래 구간은 대체효과가 소득효과보다 커서 임금이 높아질수록 노동 공급량이 늘어나는 구간이다. 이 구간만 따로 떼어놓고 보면, 세금이 부과될 경우 이 구간의 노동 공급곡선은 왼쪽으로 이동한다. 즉, 노동 공급이 줄어든다.

표만 보면 세율이 높아지면 세수가 높아질 것 같지만, 그것은 노동량과 임금률에 변화가 없을 때만 성립한다. 노동량과 임금률의 변화까지 고려하면 세율이 높아질수록 세수가 높아질지는 알 수 없다. "세수 = 노동량 × 임금률 × 세율"인데, 점 C의 위의 구간에서는 세율이 높아질수록 노동 공급곡선이 오른쪽으로 이동하여 새로운 균형점에서는 노동량은 많아지지만 임금률은 떨어진다. 따라서 임금률의 하락이 세율과 노동량 증가에 따른 세수 증가를 상쇄시킬 수 있기 때문에 결과적으로 세수가 증가할지는 알 수 없다. 점 C의 아래 구간의 경우도 마찬가지 이다. 이 구간에서는 세율이 높아질수록 노동 공급곡선은 왼쪽으로 이동하여 새로운 균형점에서는 임금률은 상승하지만 노동량은 감소한다. 따라서 노동량의 감소가 세율과 임금률 상승에 따른 세수 증가를 상쇄시킬 수 있기 때문에 결과적으로 세수가 증가할지는 알 수 없다.

제 14 장 토지와 자연자원, 그리고 환경

새뮤얼슨의 경제학 [상권] : pp. 520~521

1.

재생 가능한 자원은 태양 에너지, 농지, 강물과 같이 자원이 제공하는 서비스가 정기적으로 보충되고 적절한 관리를 해주면 유용한 서비스를 무한정 창출할 수 있는 자연자원이다. 반면, 재생 불가능한 자원은 석탄, 석유와 같이 공급량이 제한되어 있으며, 다시 보충하거나 재생시키기 어려운 자원이다.

2.

전유 불가능한 자원은, 그것의 사용에 따르는 비용과 혜택의 일부가 소유자에게 귀속되지 않는 자원이다. 즉, 전유 불가능한 자원은 외부효과를 발생시킨다. 전유 불가능한 자원의 예로는 국방, 전염병의 백신 등이 있다. 시장을 통해 이러한 자원이 배분될 때는 비효율이 발생할 수 있다. 전유 불가능한 자원을 사용하는 데 동반되는 비용과 혜택이 시장 안에서 처리되지 못하면 외부효과가 발생하고, 이로 인하여 가격이 왜곡되면서 과잉생산, 혹은 과소생산이 나타날 수 있기 때문이다. 이러한 시장의 비효율적인 결과를 개선하기 위한 방법으로는 정부가 전유 불가능한 자원의 과잉생산 혹은 과소생산을 막을 수 있는 규정을 만들거나 시장에서 전유 불가능한 자원이 가져오는 비용과 혜택에 가격을 매겨서 거래하는 방법 등이 있다.

3.

a. 지대를 지불받는 요소의 공급이 늘어나면 공급곡선이 오른쪽으로 이동하므로 새로운 균형점에서 지대는 떨어진다. 따라서 그 요소를 사용하는 기업의 한계비용이 감소하기 때문에 상품의 공급곡선이 오른쪽으로 이동하여 새로운 균형점에서 상품의 가격이 낮아진다.

b. 토지는 상품의 생산요소이기 때문에 토지의 수요는 전적으로 산출물의 수요에서 파생된다. 따라서 곡물의 수요가 높아져 곡물 가격이 상승하는 경우, 토지의 수요곡선이 오른쪽으로 이동하여 균형점에서의 지대는 이전에 비해 상승한다. 즉, 곡물 가격이 높기 때문에 곡물 농지의 가격이 높은 것이다.

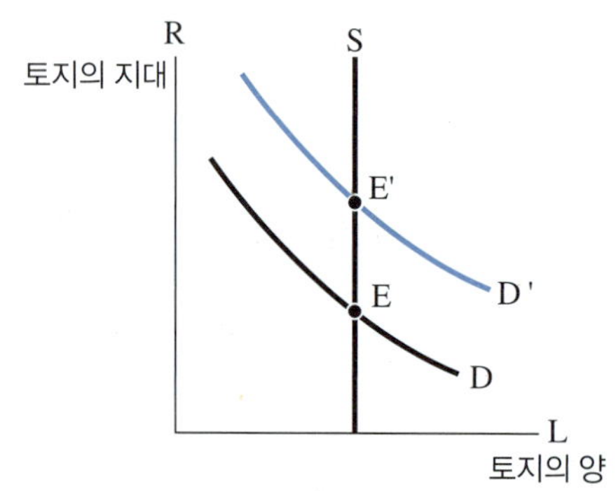

c. 구성의 오류란 일부분에 대해 옳은 것을 전체에 대해서도 옳다고 생각하는 것을 말한다. 개별 농부의 입장에서는 곡물 농지의 가격이 높기 때문에 곡물 가격이 높은 것이 진실에 가깝다. 개별 농부는 a와 같은 입장에 처한다. 농부가 이용하는 농지의 가격이 높아지면 그만큼 한계비용이 증가하여 곡물의 공급곡선이 왼쪽으로 이동한다. 따라서 곡물 가격이 높아진다.

4.

a. 일류 야구선수의 공급곡선이 비탄력적이라는 것은 이들의 노동의 양은 연봉에 따라 바뀌지 않는다는 것이다. 즉, 연봉에 관계없이 그들이 하는 경기 횟수는 고정되어 있다.

b. 텔레비전으로 인해 메이저리그 야구선수들의 수요가 늘었다면 이들에 대한 수요곡선이 오른쪽으로 이동하여서 새로운 균형점에서는 이들의 임금이 이전에 비해 더 높아진다. 다른 요인들이 일정하다고 하였을 때, 그들의 임금이 상승하여 훈련에 투자를 더 많이 할 수 있게 된다면 평균타율은 상승할 것이다. 하지만 타율의 역사적 추이는 야구의 스트라이크 존의 변화에 의해서 달라지기 때문에 이 이론을 확인하기 어렵다.

5.

토지지대에 부과하는 세금은 효율적이다. 지대에 세금을 매기더라도 그로 인해 경제적 행동을 바꾸는 사람이 없기 때문이다. 세금을 내야 하는 토지 공급자는 토지의 공급이 고정되어 있고 시장가격을 수용하는 것 외에 달리 대응할 방도가 없기 때문에(공급자끼리 독점을 형성하지 않는 한) 토지 공급을 그대로 유지한다. 토지의 수요자는 세금을 낼 의무가 없으므로 토지 수요를 그대로 유지한다.

토지와 달리 토지에 짓는 집은 공급량을 조절할 수 있다. 따라서 토지에 짓는 집에 세금을 부과한다면(정확히는 집을 지어서 파는 사람에게 세금을 부과한다면) 집의 공급자는 공급을 줄일 수 있다. 이렇게 되면 균형점에서 집의 가격은 높아지며 집의 거래량은 줄어들고 사회적 손실이 발생한다. 이렇게 토지에 짓는 집에 세금을 부과하면 공급자의 행동이 변화하게 되어 사회적 손실이 발생한다.

6.

'국지적 공공재'는 어떤 마을이나 지역 주민들이 주로 혜택을 누리는 공공재이다. 따라서 그 혜택의 직접적인 수혜자인 그 지역 사람들이 국지적 공공재를 제공하는 일에 더 적극적으로 나설 것이다. 이것은 서로 다른 수준의 정부마다 재정의 권한과 책임을 분할하고, 국지적 공공재를 해당지역에서 제공해야 한다는 '재정 연방주의' 경제이론을 뜻한다.

7.

각 항에서 보여주는 외부효과의 심각성에 대해서 각자 판단해보고 적절한 대처를 생각해보자.

8.

(생략)

9.

a. 경제학자들은 시장이 모든 환경문제를 해결해준다고 생각하지 않는다. 경제학자들은 점유 불가능한 자원, 다시 말해 외부효과를 발생시키는 자원에 대해서는 정부가 나서서 시장실패를 해결할 수 있는 정책을 마련해야 한다고 주장한다.

b. 경제학자들은 환경문제에 대해 언제나 시장을 이용하는 해결책을 권장하는 것은 아니다. 예를 들어 경제학자들은 공해문제의 해결을 위해서 정부가 기업에게 공해 배출 부과금을 부여하는 방법을 제시하기도 했다.

c. 경제학자들이 언제나 시장가격을 이용해 환경문제를 평가하는 것은 아니다. 환경경제학자들은 생태계와 다양한 동식물의 생명의 가치를 판단하기 위해 '가상적 가치평가' 기법을 활용한다. 이것은 사람들이 환경을 보호하기 위해 얼마나 지불할 용의가 있는지 설문조사를 통해 알아내는 방법이다.

d. 경제학자들이 효율만 따지고 소득분배를 고려하지 않는다는 말은 옳지 않다. 경제학자들도 소득분배의 불평등이 사회에 가져오는 비효율성에 대해서 인식하고 있으며 이 문제를 해결하기 위한 방안을 제시하고 있다. 제17장에서 이를 더욱 자세히 공부할 수 있다.

10.

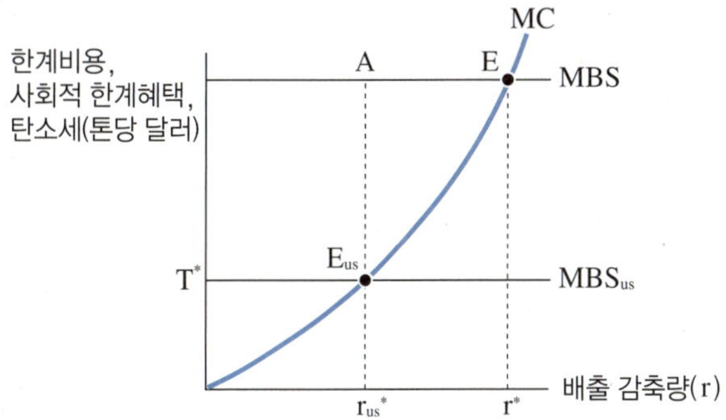

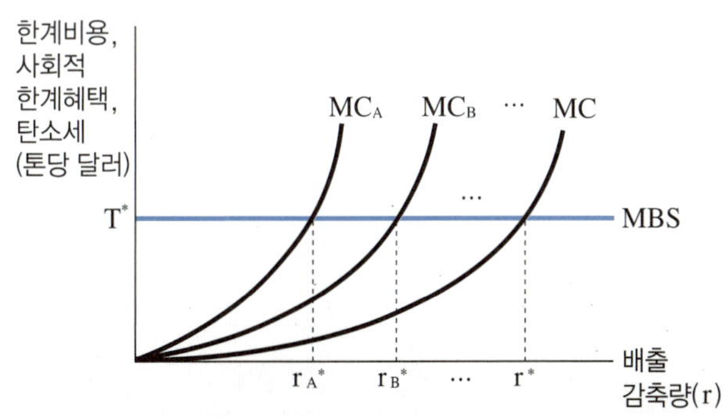

미국의 *MC*곡선과 *MBS*곡선이 만나서 생기는 균형점 E_{US}는 전 지구적인 관점에서 볼때 비효율적인 점이다. 그 점은 미

국의 사적인 한계혜택과 사적인 한계비용을 일치시킨 값이기 때문에 공해 감축량이 지구적인 관점에서 효율적인 수준에 못 미친다. 전 세계가 얻는 한계혜택은 미국이 계산한 값의 세 배이기 때문에 지구적인 관점에서 효율적인 균형점은 MBS곡선과 MC곡선이 만나는 점 E이다. 공해 감축량을 r_{us}^{*}에서 r^{*}로 늘리는 과정에서 전 세계가 얻는 한계혜택이 미국의 한계비용보다 높기 때문에 점 E_{US}에 비해 점 E에서는 AEE_{US}만큼의 효율이 높아진다. 반대로 말하면 E_{US}점에서는 AEE_{US}만큼의 비효율이 발생한다.

이런식으로 모든 나라들이 국수주의 전략을 선택하면 내쉬균형이 형성된다. 하지만 이 균형은 사회적 후생을 고려한 균형점이 아니기 때문에 사회적으로는 비효율적인 균형점이다.

사회적으로 효율적인 균형점은 다음과 같이 찾을 수 있다.

세계적 MC곡선은 개별적인 MC곡선들을 가로로 합한 것과 같다. 따라서 탄소세가 T^{*}일 때 개별 국가들이 감축하는 양을 모두 합하면 r^{*}이 되고, 이것이 지구적 관점에서 효율적인 균형이다. 이처럼 효율적인 균형이 달성되기 위해서는 모든 나라에 균일한 탄소세를 부과해야 한다. 그래야 균형점에서 각 나라별로 공해 배출량의 감축에 따른 한계비용이 균등해지기 때문이다. 만약 각 나라별로 공해 배출량의 감축에 따른 한계비용이 동일해지지 않으면 비효율이 발생한다. 예를 들어 A 나라가 B 나라보다 한계비용이 더 낮다면, B 나라가 탄소배출을 한 단위 늘리고 A 나라가 탄소배출을 한 단위 더 감축하는 것이 지구적 관점에서는 이득이다. 더 적은 비용으로 탄소배출을 줄일 수 있기 때문이다. 이런식으로 하다보면, 모든 나라에서 한계비용이 같은 점이 가장 효율적인 점이 된다.

제 15 장 자본, 이자, 이윤

새뮤얼슨의 경제학 [상권] : pp. 550~551

1.

a. $10 + \frac{110}{1.1} + \frac{133}{1.1^2} = 219.92$

b. $17 + \frac{21}{1.05} + \frac{33.08}{1.05^2} + \frac{23.15}{1.05^3} = 87.00$

c. $\frac{12}{1.05} + \frac{12}{1.05^2} + \frac{12}{1.05^3} + \cdots = \frac{\frac{12}{1.05}}{1-\frac{1}{1.05}} = 240$

2.

(a) **토지지대** : 자신이 소유한 토지를 임대해주었을 때 얻는 수익이다. 토지는 공급량이 고정되어있기 때문에 토지 '지대'라고 부른다.

(b) **자본재의 임대수익** : 오랜 기간 사용가치를 발휘하는 자본재를 임대하여 얻는 수익을 말한다.

(c) **자본재의 수익률** : 자본재에 대한 투자원금 한 단위에 비해 1년 동안 발생하는 순수익금을 말한다.

(d) **실질금리** : 실질금리는 물가상승률을 감안한 금리로, 명목금리에서 물가상승률을 뺀 값이다. 물가가 오르는 기간에는 실질금리를 기준으로 투자여부를 판단해야 한다. 그래야 투자 수익률을 따질 때 실물기준으로 얼마를 투자해서 얼마를 버는지 계산할 수 있다.

3.

a. $2{,}000 \times 1.135^{\frac{1}{2}} = 2130.73$

b. 연초에 투자할 경우, 투자 첫 번째 연도 말의 투자원금

$= 10{,}000 \times 1.1 = 11{,}000$

두 번째 연도 말의 투자원금

$= 10{,}000 \times 1.1^2 = 12{,}100$

세 번째 연도 말의 투자원금

$= 10{,}000 \times 1.1^3 = 13{,}310$

c. 4년 동안의 실질금리를 구하기 위해서는 물가상승률을 계산하여야 한다.

n년에 걸친 물가상승률 $= 100 \times \left[\left(\frac{P_t}{P_{t-1}}\right)^{1/n} - 1\right]$로 정의한다. 따라서 이 기간 동안 연평균 물가상승률

$= 100 \times \left[\left(\frac{90.9}{60.6}\right)^{1/4} - 1\right] = 10.668\%$이다.

4년간 정부 국채의 명목금리 평균은 10.675%이다. 따라서 4년간 실질금리의 평균은 10.675−10.668 = 0.007%이다.

d. 국채의 매매가 $= \frac{10{,}000}{1.066^{\frac{1}{4}}} = 9841.49$

4.

a. 액면가가 A라고 해보자.

금리가 연 1%일 때 채권의 현재가치 $= \frac{A}{1.01} = 0.99A$

금리가 연 5%일 때 채권의 현재가치 $= \frac{A}{1.05} = 0.95A$

금리가 연 10%일 때 채권의 현재가치 $= \frac{A}{1.1} = 0.91A$

금리가 연 20%일 때 채권의 현재가치 $= \frac{A}{1.2} = 0.83A$

b. (연초를 기준으로 계산)

금리가 연 1%일 때 영구채권의 가치

$= \frac{16}{1.01} + \frac{16}{1.01^2} + \cdots = \frac{\frac{16}{1.01}}{1-\frac{1}{1.01}} = 1{,}600$

금리가 연 5%일 때 영구채권의 가치

$= \frac{16}{1.05} + \frac{16}{1.05^2} + \cdots = \frac{\frac{16}{1.05}}{1-\frac{1}{1.05}} = 320$

금리가 연 10%일 때 영구채권의 가치

$$= \frac{16}{1.1} + \frac{16}{1.1^2} + \cdots = \frac{\frac{16}{1.1}}{1-\frac{1}{1.1}} = 160$$

금리가 연 20%일 때 영구채권의 가치

$$= \frac{16}{1.2} + \frac{16}{1.2^2} + \cdots = \frac{\frac{16}{1.2}}{1-\frac{1}{1.2}} = 80$$

c. (a)가 상대적으로 금리변화에 더 민감하다.

5.

a. 자본의 한계생산이 높아지는 기술 혁신이 일어나면 자본의 수요가 증가하여 자본수요곡선이 오른쪽으로 이동한다. 이전 균형점에 비해 새로운 균형점에서 금리는 높고 자본스톡은 많다.

b. 가계가 희망하는 부의 보유 규모가 줄면 저축을 많이 하게 되어 자본의 공급이 늘어나고 자본공급곡선이 오른쪽으로 이동한다. 이전 균형점에 비해 새로운 균형점에서 금리는 낮고 자본스톡은 많다.

c. 자본의 수익에 50%를 과세하면 자본의 수요가 줄어들어 자본수요곡선이 왼쪽으로 이동한다. 단기에서 자본공급곡선이 고정되어있다고 한다면 새로운 균형점에서는 이전에 비해 금리는 높지만 자본스톡은 그대로이다. 그런데 이렇게 높아진 금리를 보고 사람들이 저축을 하게 되면 자본 공급곡선이 오른쪽으로 이동하게 된다. 그럼 자본스톡은 늘어나고 금리는 낮아지게 된다.

6.

(a)

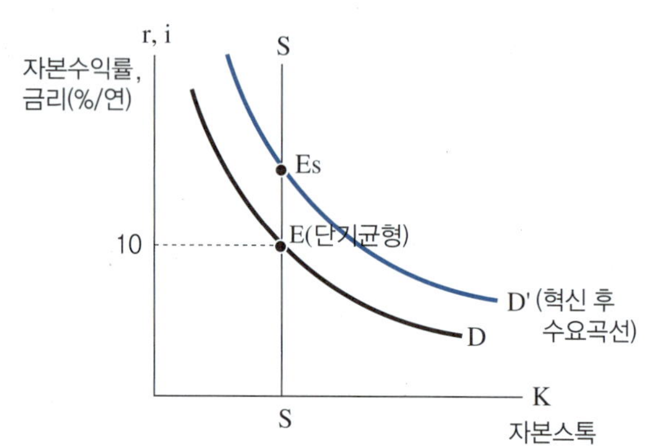

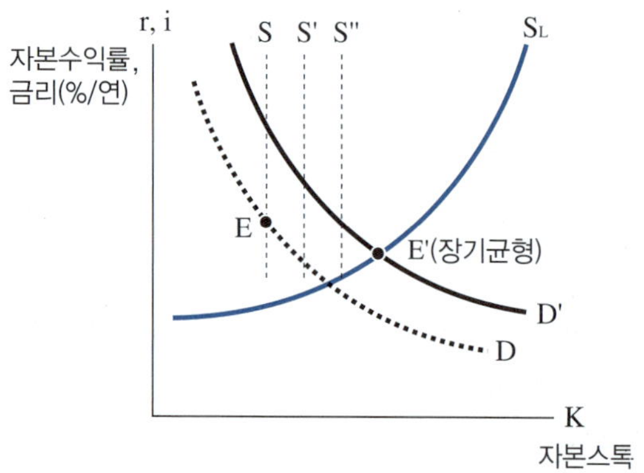

혁신을 통하여 자본수요곡선이 위로 이동하게 되면 단기균형점은 Es점이 된다. 기존의 균형점에 비해 금리는 상승한다(자본스톡은 그대로임). 그런데 금리가 이렇게 높으면 사람들은 더 저축을 하고자 한다. 따라서 점차 자본스톡이 늘어난다. 공급곡선 S'와 S''가 이것을 보여준다. 그리고 장기에서는 금리가 높아짐에 따라 저축량을 변화(증가)시킬 수 있으므로 장기자본공급곡선은 우상향하는 모양이다. 따라서 장기균형점은 장기자본공급곡선과 수요곡선이 만나는 점인 E'가 된다.

(b)

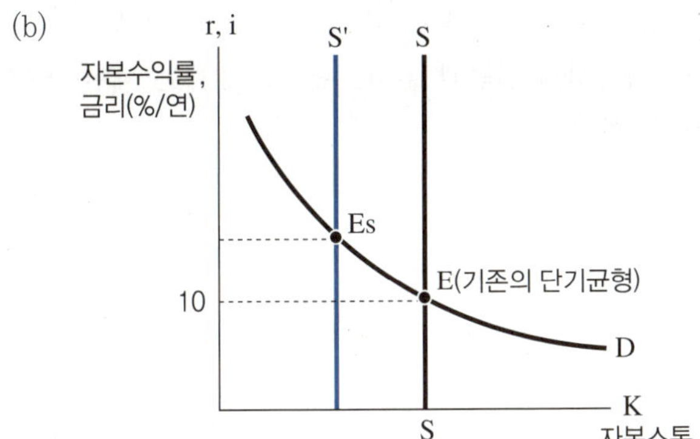

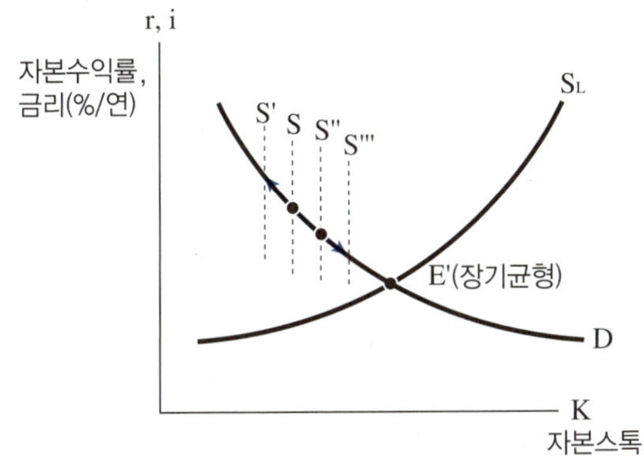

정부채무가 늘어나 사람들이 공급하는 자본의 큰 부분이 국채 보유로 흘러간다면 자본의 공급이 감소한다. 따라서 자본공급곡선이 좌측으로 이동한다. 새로운 균형점에서는 이전에 비해 금리는 높고 자본스톡은 적다. 그런데 금리가 높아질 경우 사람들의 저축이 늘어나 자본공급곡선이 다시 오른쪽으로 점차 이동한다. 이것을 보여주는 것이 S'', S'''곡선이다. 그리고 장기에서는 금리가 높아짐에 따라 저축량을 변화(증가)시킬 수 있으므로 장기자본공급곡선은 우상향하는 모양이다. 따라서 장기균형점은 장기자본공급곡선과 수요곡선이 만나는 점인 E'가 된다.

7.

영구적 소득흐름을 할인해서 현재가치를 계산하기 위해서는 무한등비급수 공식을 이용하면 된다. 무한등비급수 공식은 다음과 같다.

$$a + ar + ar^2 + ar^3 + \cdots = \frac{a}{1-r}$$

이것을 이용하여 금리가 연 5%일 때 매년 100달러를 지급하는 영구채권의 가치를 구하면 다음과 같다.

$$\frac{100}{1.05} + \frac{100}{1.05^2} + \frac{100}{1.05^3} + \cdots = \frac{\frac{100}{1.05}}{1-\frac{1}{1.05}} = 2,000$$

매년 N달러를 지급하는 영구채권의 가치는 다음과 같다.

$$\frac{N}{1.05} + \frac{N}{1.05^2} + \frac{N}{1.05^3} + \cdots = \frac{\frac{N}{1.05}}{1-\frac{1}{1.05}} = 20N$$

따라서 매년 200달러를 지급하는 영구채권의 가치는 $20 \times 200 = 4,000$이다.

금리가 8%일 때 매년 100달러를 지급하는 영구채권의 가치는 다음과 같다.

$$\frac{100}{1.08} + \frac{100}{1.08^2} + \frac{100}{1.08^3} + \cdots = \frac{\frac{100}{1.08}}{1-\frac{1}{1.08}} = 1,250$$

금리가 10%일 때 매년 100달러를 지급하는 영구채권의 가치는 다음과 같다.

$$\frac{100}{1.1} + \frac{100}{1.1^2} + \frac{100}{1.1^3} + \cdots = \frac{\frac{100}{1.1}}{1-\frac{1}{1.1}} = 1,000$$

금리가 5%일 때와 10%일 때 영구채권의 가격을 비교해보면 금리가 두 배 높아질 때 영구채권의 현재가치는 절반이 된다.

8.

무한등비급수의 합 공식을 이용하여 영구채권의 가격을 구하면 다음과 같다.

$$\frac{N}{1+i}+\frac{N}{(1+i)^2}+\frac{N}{(1+i)^3}+\cdots=\frac{\frac{N}{1+i}}{1-\frac{1}{1+i}}=\frac{N}{i}$$

금리가 연 6%로 일정할 때 매년 5,000달러씩 영구적으로 지급하는 복권의 가치를 위 공식을 이용하여 구하면 $\frac{5,000}{0.06}=83,333$이다.

9.

서로 다른 시점의 가치를 비교하기 위해서는 먼저 시점을 같게 만들어 주어야 한다. 2008년 맨해튼의 토지가격을 1626년의 가치로 환산해 보자. 현재가치 계산을 위한 적정 금리는 연 4%라고 가정하자.

2008년 맨해튼 토지가격의 1626년 시점에서의 가치

$$=\frac{150,000,000,000}{1.04^{382}}=46,704$$

그런데 1626년 뉴욕 맨해튼의 토지가격은 24달러이다. 따라서 1626년에 24달러를 주고 맨해튼 땅을 사는 것이 훨씬 이득이다.

만약 금리가 6%, 8%일 때 2008년 맨해튼 토지가격의 현재가치를 다시 구해보면 다음과 같다.

금리가 6%일 때 : $\frac{150,000,000,000}{1.06^{382}}=32$

금리가 8%일 때 : $\frac{150,000,000,000}{1.08^{382}}=0.03$

금리가 6%일 때 1626년을 기준으로 한 2008년 맨해튼 토지가격의 가치는 24달러보다 크기 때문에 맨해튼 땅을 사는 것이 이득이다. 하지만 금리가 8%라면 1626년을 기준으로 한 2008년 맨해튼 토지가격의 가치는 24달러보다 작으므로 맨해튼의 땅을 사지 않는 것이 낫다.

지대가 있는 경우, 매 해 토지 가격을 먼저 계산해야 한다. 1626년의 토지 가격은 24달러, 2008년의 토지 가격은 1500억 달러이므로 대략 연평균 6%씩 올랐다(성장률 공식 이용). 대략 이만큼씩 매해 지대가격이 올랐다고 가정하자. 따라서 현재가치를 계산하기 위한 금리가 4%라 할 때, 지대들의 현재가치를 계산하면 다음과 같다. 편의상 지대는 매년 초에 지급된다고 하자.

$$24(1.02)+\frac{24(1.06)(1.02)}{1.04}+\frac{24(1.06)^2(1.02)}{1.04^2}+\cdots$$

$$+\frac{24(1.06)^{382}(1.02)}{1.04^{382}}=\frac{24(1.02)\times\left[\left(\frac{1.06}{1.04}\right)^{383}-1\right]}{\frac{1.06}{1.04}-1}=1{,}874{,}552$$

금리가 6%일 때는 지대가 없어도 구입을 하는 것이 유리하니, 금리가 8%일 때 결과가 어떻게 바뀌는지 계산해보자. 금리가 8%일 때 1626년을 기준으로 한 지대의 현재가치를 구하면 다음과 같다.

$$24(1.02)+\frac{24(1.06)(1.02)}{1.08}+\frac{24(1.06)^2(1.02)}{1.08^2}+\cdots$$

$$+\frac{24(1.06)^{382}(1.02)}{1.08^{382}}=\frac{24(1.02)\times\left[\left(\frac{1.06}{1.08}\right)^{383}-1\right]}{\frac{1.06}{1.08}-1}=24.48$$

따라서 지대까지 고려하면 연평균 금리가 8%일 때 맨해튼 땅을 소유했을 때 얻을 수 있는 총 가치의 현재가치(1626년 기준)는 24.51이다. 따라서 지대가 있다면 금리가 8%일 때에도 맨해튼의 땅을 구매하는 것이 이득이다.

10.

a. 매년 100달러를 지급해주는 영구채권 (문제 8번의 공식 이용)

1) 금리가 5%일 때

$$\frac{100}{0.05} = 2,000$$

2) 금리가 10%일 때

$$\frac{100}{0.1} = 1,000$$

3) 금리가 20%일 때

$$\frac{100}{0.2} = 500$$

b. 앞으로 1년 뒤 50달러에 팔릴 크리스마스트리

1) 금리가 5%일 때

$$\frac{50}{1.05} = 47.62$$

2) 금리가 10%일 때

$$\frac{50}{1.1} = 45.45$$

3) 금리가 20%일 때

$$\frac{50}{1.2} = 41.67$$

위의 결과를 보면 수익 흐름의 기간이 긴 자산의 가격이 수익 흐름의 기간이 짧은 자산보다 금리 변화에 더 민감하다는 것을 알 수 있다. 현재가치를 구하는 과정에서 t기에 얻은 수익은 $(1+i)^t$로 나누어 준다. 따라서 t가 커질수록 나누어주는 값이 커지게 된다. 그러므로 수익의 흐름이 긴 경우 금리 변화에 따라 나누어 주는 값의 변동이 크기 때문에 금리 변화에 더 민감하다.

제 4 부
경제 원리의 활용

제16장 정부의 세입과 세출

새뮤얼슨의 경제학 [상권] : pp. 589~590

1.

정부는 세금을 걷어 교육, 국방, 치안, 복지, 환경 등 공적인 분야에 필요한 자원을 배분한다. 이러한 것들은 외부효과로 인하여 시장에만 맡겨두어서는 제대로 생산되지 않을 수 있다. 하지만 사람들이 높은 생활수준을 누리기 위해서는 필수적인 것들이기도 하다. 따라서 세금은 이것들의 생산에 자원배분을 가능하게 하기 때문에 문명화된 사회를 누리기 위해 내는 돈이라고 할 수 있다.

2.

(생략)

3.

황 화합물, 이산화탄소 배출량, 석유 유출 유조선에 대한 과세와 같은 '환경세'는 경제적 효율을 높이고 경제성장을 촉진시킬 수 있다. 환경을 오염시키는 각종 물질은 부정적인 외부효과를 가져온다. 즉, 정부의 개입이 없는 상황에서는 오염물질의 배출이 효율적인 수준보다 지나치게 많아지게 된다. 하지만 정부가 나서서 오염물질의 배출에 세금을 부과한다면 오염물질의 배출을 일정 수준으로 낮추고 경제적 효율을 높일 수 있다. 또한 환경세로 정부의 세수가 늘어나면, 다른 분야의 세율을 낮추어 근로 의욕과 저축률을 높일 수 있다.
효율을 높일 수 있다고 생각하는 세금의 목록은 각자 만들어 보자.

4.

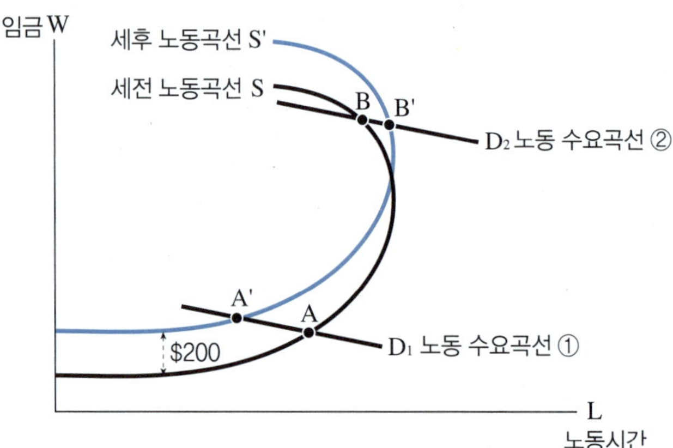

정부가 200달러의 세금을 부과한다면 노동 수요곡선은 200달러만큼 위로 올라간다. 200달러만큼 더 받아야 이전과 같은 소득을 얻을 수 있기 때문에 그만큼을 더 주어야 이전과 같은 시간만큼 일을 한다. 세금의 효과는 노동 공급곡선이 굴절된 모양일 경우, 수요곡선에 따라 달라진다. 만약 노동 수요곡선의 모양이 D_1과 같다면 새로운 균형점에서 노동시간은 줄어들고 임금은 상승한다. 만약 노동 수요곡선의 모양이 D_2와 같다면 균형점에서 노동시간은 늘어나고 임금은 줄어든다. 세금을 부과하는 경우에도 균형은 노동의 한계수입생산과 임금이 같아지는 점에서 달성된다.
평생의 시간을 상정해 정액세를 적용하는 '부존세(endowment tax)'는 잠재적 근로소득을 계산하는 데 어려움이 있다. 평생에 걸친 개인의 잠재적 근로소득은 수명, 경기 변동 등 여러 변수에 의해 영향을 받기 때문에 수많은 변수들을 적절하게 고려하여 이것을 계산하는 것은 어렵다. 따라서 측정 방법에 의해서 자의적으로 이루어질 여지가 있다. 이에 대한 찬반은 각자 생각해보자.

5.

(생략)

6.

순수한 사유재의 예로는 공부할 때 사용하는 샤프, 지우개 등이 있다. 국지적 공공재의 예로는 동네 도서관, 가로등이 있고, 국가적 공공재의 예로는 전염성이 강한 질병의 백신, 국방 등이 있으며, 지구적 공공재의 예로는 지구 온난화를 완화시키기 위한 조치, 황사와 사막화를 막기 위한 조치 등을 들 수 있다. 각각에 대해 적합한 대응을 가장 효율적으로 수립하기 위해서는 각각의 공공재 혹은 외부효과가 영향을 미치는 수준에 맞는 정부가 이 문제를 담당해야 한다. 그래야 혜택을 받는 당사자들이 세금을 지불하고 원하는 선택지를 고를 수 있다.

각각의 외부효과를 해결하기 위한 정부 조치는 각자 생각해 보자.

7.

a.

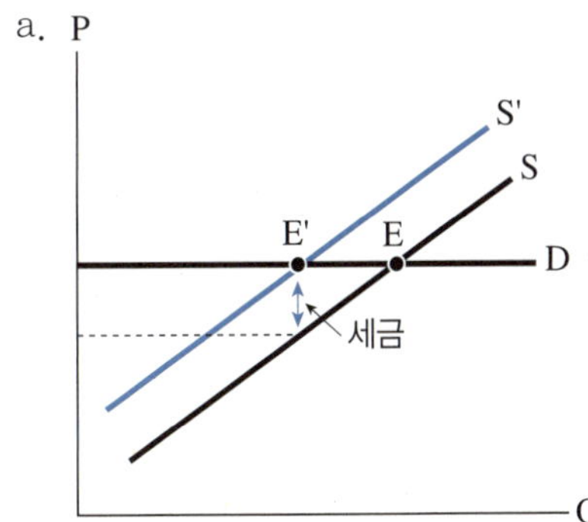

휘발유 도매가격이 세계시장에서 결정되면 개별 기업이 직면하는 수요곡선은 수평이다. 이때 휘발유세가 생산자에게 부과되면 휘발유 공급곡선이 세금만큼 위로 올라간다. 하지만 수요곡선이 수평이기 때문에 가격은 변화하지 않는다. 따라서 세금은 모두 생산자가 지불한다. 따라서 생산자는 세금을 내야하며 산출량도 감소하여 이윤은 감소한다. 공급의 감소로 새로운 균형점에서 휘발유의 소비량은 감소하기 때문에 소비자 잉여도 줄어든다.

b.

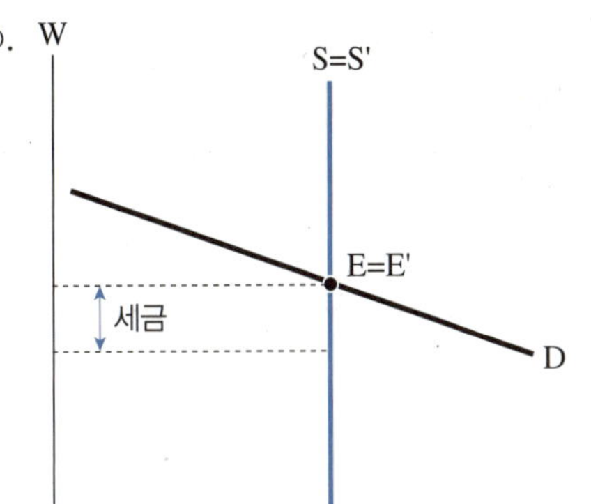

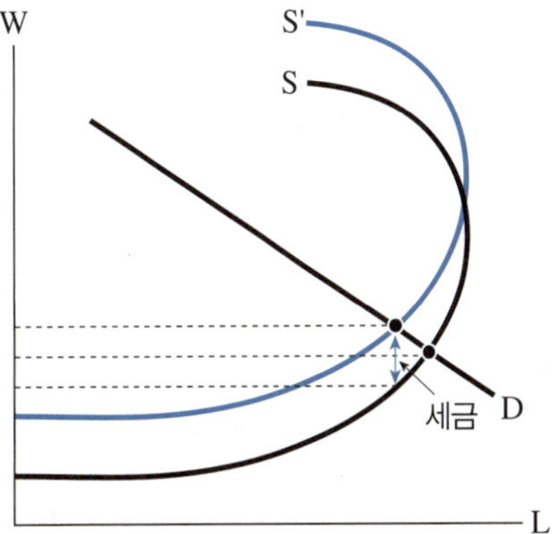

노동 공급이 완전 비탄력적일 때 사회보험세가 근로소득에 부과되면 노동 공급곡선은 변화가 없다. 이렇게 되면 임금은 이전과 동일하다. 따라서 사회보험세는 모두 노동자가 지불하게 된다. 노동 공급곡선이 후방 굴절형일 때는 세금부과 이후 노동 공급곡선이 세금만큼 위로 상승한다. 이전에 비해 임금이 상승하지만 세금부과 금액보다는 작다. 따라서 세금의 일부는 노동자가, 일부는 고용자가 납부한다.

c.

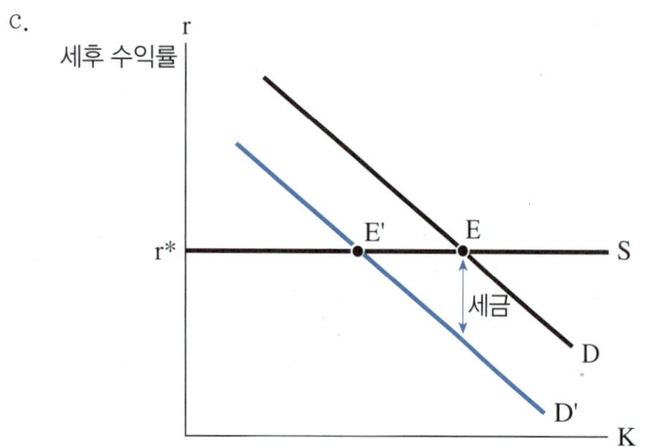

기업이 투자자본 대비 일정한 세후 수익률을 벌어야 하는데 이 수익률이 세계자본시장에서 결정된다고 하자. 그렇다면 자본시장에서 자본공급곡선은 수평이다. 그런데 기업에 법인 소득세가 부과되면 세금만큼 자본에 대한 수요가 감소한다. 하지만 세후 수익률이 일정하기 때문에 법인소득세는 모두 기업이 납부한다.

8.

인과의 오류란 어떤 두 사건이 순차적으로 일어났을 때, 먼저 일어난 사건이 뒤에 일어난 사건의 원인이라고 판단하는 오류이다. 1964년 케네디-존슨 행정부의 세율 인하 정책이 세수를 증가시켰다고 하는 주장은 인과의 오류에 해당한다. 세율 인하가 세수 증가에 선행하긴 하였지만, 그렇다고 하여서 전자가 후자의 원인인 것은 아니기 때문이다. 세율 인하 외에도 세수 증가를 가져오는 다양한 요인이 있을 수 있고, 당시 세수의 증가가 나타난 것도 다른 요인 때문일 수 있다.

9.

연봉이 $60,000인 경우, 평률세의 평균세율과 한계세율을 구해보자.

과세소득 = 60,000−20,000(소득 공제액) = 40,000

개인소득세(평률세) = 40,000(과세소득) × 0.2(고정 세율) = 8,000

평균세율 = 8,000/60,000 = 13.3%

한계세율을 구하기 위해서 연봉이 $61,000인 경우 평률세에 의한 개인소득세를 구해보자. 위와 같은 방법에 의하면 개인소득세는 $8,200이다.

따라서 한계세율 = 200/1,000 = 20%이다.

〈표 16-4〉의 개인소득세와 비교해 보면, 평률세의 평균세율과 한계세율이 모두 낮다. 따라서 평률세는 낮은 고정세율을 적용하기 때문에 한계세율을 낮추어 경제적 효율을 높일 수 있다는 장점이 있다. 하지만 평률세는 고소득층에게 유리한 세금 제도이므로 소득 불평등의 격차를 크게 만들 수 있다는 단점이 있다. 반면 〈표 16-4〉에 나오는 방식의 개인 소득세는 평률세에 비해 높은 세율을 적용하여 한계세율이 상대적으로 높아 경제적 효율을 저해할 수 있다. 한계세율이 높으면 더 일할 유인이 약화될 것이기 때문이다. 하지만 소득에 따라 다른 세율을 적용하기 때문에 소득 불평등의 격차를 줄일 수 있다는 장점이 있다.

〈표 16-4〉에 나오는 개인소득세는 고소득층에게 더 높은 세율을 부과하지만, 평률세는 소득과 관계없이 세율이 같기 때문에 전자가 더 누진적이다.

제 17 장 효율과 평등 : 커다란 상충

새뮤얼슨의 경제학 [상권] : p. 621

1.

(생략)

2.

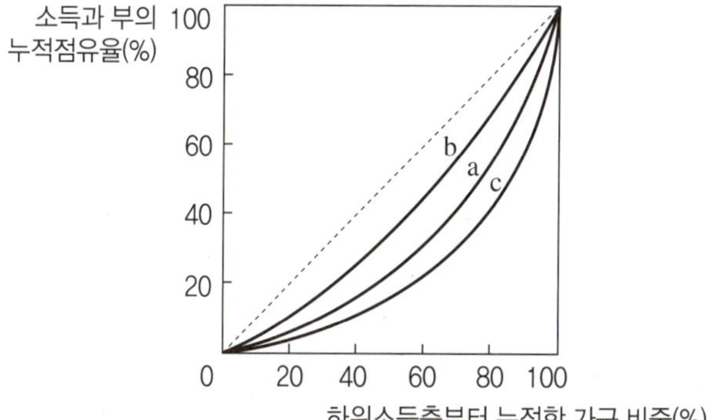

a: 비례적 소득세 부과 시 로렌츠곡선
= 기존의 로렌츠곡선
b: 누진세 부과 시 로렌츠곡선
c: 담배세, 식품세 인상 시 로렌츠곡선

a. 비례적 소득세의 경우 모든 계층의 소득이 일정한 비율로 감소하기 때문에, 전체 소득에서 각 계층의 소득이 차지하는 비중에 변화가 없다. 따라서 로렌츠곡선은 정책 시행 이전의 로렌츠곡선과 동일하다.

b. 누진적 소득세를 부과하면 저소득층보다 고소득층에 높은 세율이 부과되기 때문에 고소득층이 전체 소득에서 차지하는 비중이 상대적으로 줄어든다. 그리고 저소득층이 전체 소득에서 차지하는 비중이 높아진다. 따라서 로렌츠곡선은 기존의 로렌츠곡선에 비해 완만해진다.

c. 담배세와 식품세는 일반적으로 역진세이다. 즉, 저소득층에게 더 높은 세율이 부과되는 것이다. 왜냐하면 담배나 식품의 경우 소득 증가폭에 비해 소비 증가폭이 작아서, 고소득층에 비해 저소득층의 소비에서 담배나 식품이 차지하는 비중이 더 높기 때문이다. 따라서 이 경우 저소득층이 총 소득에서 차지하는 비중이 작아지기 때문에 로렌츠곡선이 가팔라진다.

3.

(생략)

4.

(a) 현금 보조의 경우 수혜자가 현금을 가지고 자신이 원하는 재화나 서비스를 자유롭게 구매할 수 있다는 장점이 있다. 하지만 수혜자가 현금을 유흥비로 지출하게 된다면 정부가 현금 보조를 통해 달성하고자 했던 목표(저소득층 생활수준 향상)를 이루지 못할 수 있다.

(b) 식품 지원이나 의료서비스처럼 소비의 범주별로 급여를 지급하는 방법은 정부가 불평등의 완화를 위해 필요한 분야에 지원할 수 있다는 장점이 있다. 반면, 미리 정해진 범주 외에 불평등의 해소를 위해 꼭 필요한 분야에 지출을 할 수 없다는 단점이 있다.

정부가 복지 정책을 실시하는 과정에서 발생하는 비효율성을 줄이기 위해서는 (b)의 방법이 더 유리하다. 따라서 미국이 (b)와 같은 전략을 주로 사용한다.

5.

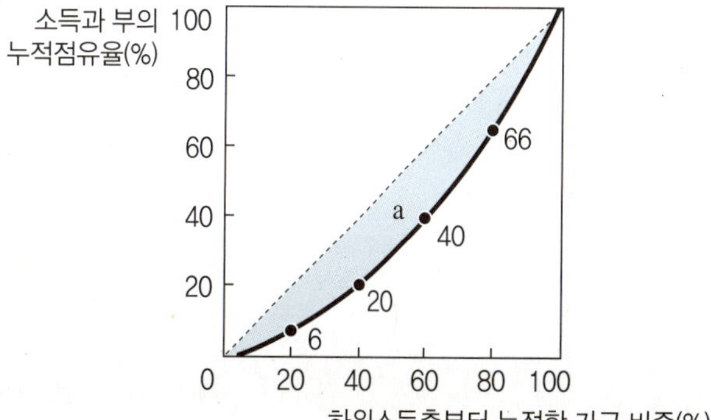

가구 단위 소득 계층	각 계층에서 총소득이 차지하는 비중(%)	각 계층 및 그 이하 계층에 속하는 가구의 비중(%)
최저 20%	6	20
2번째 20%	14	40
3번째 20%	20	60
4번째 20%	26	80
최고 20%	34	100

지니계수 = 2a = 2 × 0.136 = 0.272

(a의 면적은 정사각형의 절반의 면적에서 로렌츠곡선의 아래 면적을 빼서 구한다. 로렌츠곡선의 아래 면적들은 삼각형과 사다리꼴로 나누어서 계산한다.)

6.

(생략)

제 18장 국제무역

새뮤얼슨의 경제학 [상권] : pp. 667~668

1.

a. 옳다. 갓 태어난 유치산업은 이미 발전한 해외 거대 기업들과의 국제 경쟁에서 이기기 어렵다. 하지만 관세 정책으로 자국 산업을 보호한다면, 그 기간 동안 해외 거대 기업과의 경쟁을 피하며 성장할 기회를 마련할 수 있다.

b. 옳지 않다. 실질임금은 노동자가 한 시간 일해서 번 임금으로 구매할 수 있는 상품의 양이다. 무역 후에는 무역에 참가한 나라에서 노동자들의 실질임금은 모두 상승한다. 이것은 다른 나라에서 값싼 수입품이 들어오기 때문이다. 「새뮤얼슨의 경제학(상권)」 631~632페이지의 사례를 보면 알 수 있다.

c. 옳다. 비교우위의 논리는 국가 간 무역뿐만 아니라 가족과 도시, 주 간의 거래에도 적용할 수 있다.

d. 옳지 않다. 임금이 상대적으로 더 높은 나라도 자유무역을 통하여 이득을 볼 수 있다. 그리고 로스 페롯은 미국의 임금이 하락할 것이라 하였는데, 미국 노동자의 임금이 더 높은 것은 미국 노동자의 생산성이 높기 때문이다. 따라서 미국 노동자의 임금은 관세 때문에 하락하지 않을 것이다.

2.

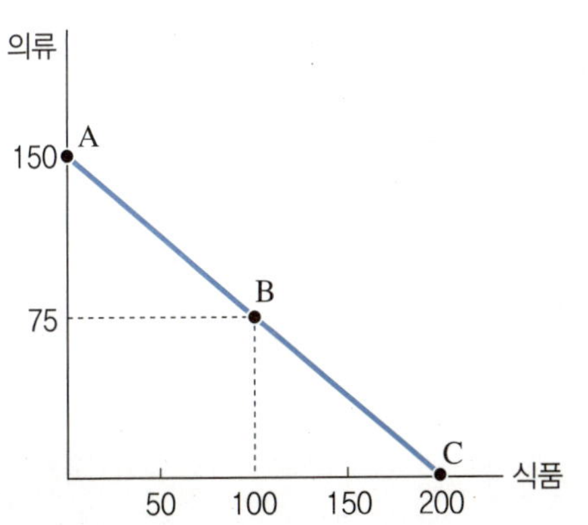

〈유럽의 생산 가능성 조합〉

가능성	식품(단위 수)	의류(단위 수)
A	0	150
B	100	75
C	200	0

3.

〈생산에 필요한 미국과 유럽의 노동 투입량〉

상품	생산에 필요한 노동 투입량	
	미국	유럽
식품 1단위	1	2
의류 1단위	2	4

미국은 식품과 의류에서 모두 절대우위가 있다. 미국이 식품과 의류를 생산하는 데 필요한 노동 투입량이 유럽에 비해 작기 때문이다. 하지만 미국과 유럽에서 의류에 대한 식품의 상대가격(식품가격/의류가격)은 모두 1/2이기 때문에 비교우위가 존재하지 않는다. 이 경우 무역을 통해 상대국의 상품을 수입하더라도 식품 혹은 의류의 상대가격에 변화가 없을 것이고, 생산가능경계의 변화도 없기 때문에 효율성의 증가도 없다. 따라서 무역은 소멸할 것이다.

이와 같이 무역이 사라지는 현상이 나타난 것은 두 나라에서 식품과 의류 간의 상대적인 생산성에 차이가 없기 때문이다. 두 나라에서 모두 식품을 생산하는 것이 의류 생산에 비해 상대적으로 효율적이다. 따라서 나라마다 재화 간의 상대적인 생산성의 차이가 클수록, 즉 다양성이 클수록 무역으로 인한 이득이 커질 수 있다. 마찬가지의 이유로 무역 전 국내가격이 세계가격과 아주 다른 소규모 국가가 무역으로 가장 큰 이득을 누릴 수 있다. 자기 나라에서 상대적으로 싼 것들을 해외로 상대적으로 비싸게 수출하여 이득을 보고, 비싼 것들을 해외에서 상대적으로 싸게 수입하여서도 이득을 볼 수 있기 때문이다.

4.

〈표 18-2〉의 자료가 미국과 신흥공업국을 나타낸다고 하자. 이 상태에서 각 나라는 자신이 비교우위에 있는 상품, 즉 미국은 식품, 신흥공업국은 의류 생산을 전문화하여 이득을 누리게 된다. 두 나라의 노동자들은 이전에 비해 실질임금이 상승하게 되어, 동일한 노동시간으로 더 많은 상품을 얻을 수 있다.

그런데 만약 신흥공업국이 미국의 기술을 수용해서 미국과 똑같은 생산 가능선에 도달했다고 하자. 그렇다면 문제 3번의 경우처럼 두 나라에서 비교우위가 사라져 무역이 없어지게 된다. 이에 따라 무역을 통해 얻을 수 있는 생활수준의 향상이나 실질임금의 상승 효과는 없어진다. 즉, 여러 나라의 경제가 수렴하게 되면 무역이 후생에 미치는 효과가 작아지게 된다.

5.

자유무역 하에서 무역에 참여한 나라들이 각자 비교우위를 갖는 산업에 특화한다면, 두 나라 노동자들의 실질임금은 모두 상승한다. 따라서 첫 번째 문장은 옳은 주장이다. 하지만 두 번째 문장은 옳지 않다. 자유무역을 통하여 모든 나라의 소득이 향상될 수 있지만, 그 폭이 작아질 수 있다. J라는 나라가 경제 성장을 통하여 A라는 나라의 생산 가능선과 동일해지면, 두 나라의 비교우위는 없어져 무역을 통한 이득이 사라지게 된다. 그리고 J나라가 경제 성장을 통해 A나라의 생산 가능선과 비슷해지는 과정에서 비교우위의 효과가 줄어들면서 무역의 이득이 줄어든다.

6.

a. 교역조건 혹은 최적 관세 논리. 이것은 이 정책이 무역 상대국을 궁핍하게 만드는 정책이라는 것을 받아드릴 수 있으며, 무역 상대국이 보복으로 관세를 높이지 않을 것이라 판단할 수 있는 상황일 때 타당하다.

b. 저렴한 외국 노동과의 경쟁이라는 논리. 단기적으로 미국의 저숙련 노동자의 임금이 떨어지면서 타격을 받을 수 있다. 이 때에는 타당한 논리이다. 하지만 장기적으로 노동 시장의 메커니즘을 통해 노동자들은 비교열위의 산업에서 비교우위의 산업으로 옮겨갈 것이다.

c. 유치산업 보호를 위한 관세의 논리. 실제로 이런 산업을 보호하는 것이 장기적으로 국가 안보에 도움이 되고 생활수준의 향상에 기여한다면 타당하다.

d. 실업과 관련된 논리. 관세를 부과하면 수입품의 가격이 상승하기 때문에 국내에서 생산된 상품의 수요가 높아져서 자국 내 일자리가 창출될 수 있다는 점에서는 타당하다.

7.

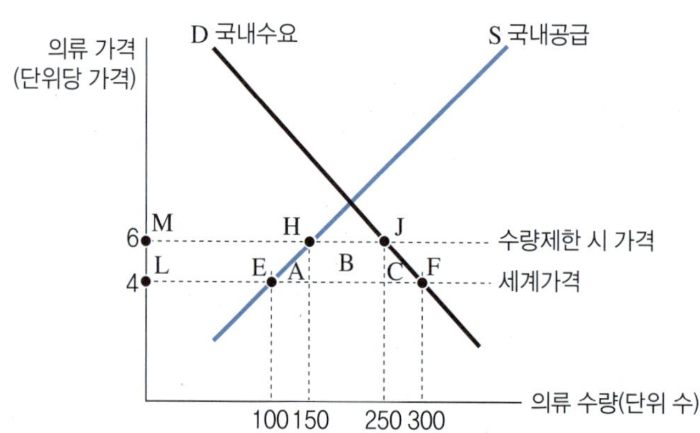

만약에 정부가 100단위로 수입품을 제한하였다고 하자. 그 경우 의류의 균형가격은 6, 균형수량은 250에서 결정된다. 150은 국내 생산으로, 100은 수입으로 공급된다. 국내생산자들의 이윤은 사다리꼴 LEHM의 면적(250달러)만큼 증가한다. 그런데 상실되는 소비자 잉여는 사다리꼴 LMJF의 면적(550달러)만큼이다. 즉, 수량 제한에 따른 효율손실은 300달러이다. 수입 할당량 경매가 없다면, 사각형 B만큼의 이익은 미국으로 수출하는 기업들에게 돌아간다. 그들은 원래 4달러인 물건을 미국에서 6달러에 팔 수 있기 때문이다. 하지만 수입 할당량을 경매에 붙인다면 B만큼의 이익은 정부에게 돌아간다. 미국에 의류를 수출하는 기업들은 B에 해당되는 이익만큼 정부에 지불할 용의가 있기 때문이다.

memo

제 5 부

거시경제학 : 경제성장과 경기순환

제19장 거시경제학 개요

새뮤얼슨의 경제학 [하권] : pp. 31~32

1.

거시경제학(동시에 거시경제 정책)의 주된 목적은 (1) 산출수준과 성장률을 높이고, (2) 실업률을 낮추며, (3) 물가지수를 안정시키거나 완만하게 상승하도록 하는 것이다.

(1) 산출수준과 성장률은 한 경제가 일정 기간 안에 얼마나 많은 양의 산출물을 생산하였는지, 그리고 그것이 매 기간마다 얼마나 성장했는지를 나타낸다. 이것은 GDP와 GDP성장률로 각각 측정된다. (2) 실업률이란 구직활동을 하는 실업자가 전체 경제활동인구 중 어느 정도의 비율을 차지하는지를 말한다. (3) 물가 지수란 일정 바구니에 담긴 상품의 평균가격이며 이것의 상승률을 따져보면 매년 경제의 전반적인 가격수준이 어떻게 변했는지 알 수 있다.

(1) 단기적인 경기순환에 대응하고 장기적인 성장률을 높이는 것은 한 국가의 운명과 때로는 경제체제의 운명이 달린 문제이다. 단기적인 경기 후퇴에 대응하지 못하거나 장기적인 경기침체에 빠져서 벗어나지 못한다면 그 나라뿐만 아니라 경제체제 또한 무너질 수 있다. (2) 실업률을 낮은 수준으로 유지시키지 못하면 노동시장에 심각한 비효율이 발생하여 경제 성장률에 나쁜 영향을 주게 된다. 또한 각 개인들은 구직을 위해 많은 시간과 노력을 들여야 하고, 이를 통해 얻게 된 직장에도 만족하지 못할 가능성이 높아진다. (3) 물가가 안정되지 않고 심하게 상승하면 가격이 상대적 희소성에 대한 정보를 제대로 반영하지 못하고, 경제가 많은 부담을 지게 된다. 명목소득의 상승으로 각 개인에게 적용되는 세율이 상승하게 될 가능성이 있고, 연금이나 고정금리 채권의 실질가치가 마모된다. 또한 물가의 상승은 화폐가치의 하락을 의미하므로 사람들이 화폐를 보유하기보다는 실물자원을 보유하는 성향이 높아진다.

2.

a. 표의 물가상승률 열을 보면 1981년의 물가상승률은 9.9%이고 2007년의 경우 2.8%이다.

b. 1982년의 실질 GDP 성장률은
$100\times(5189.3-5291.7)/5291.7$ = 약 −1.94%
1984년의 실질 GDP 성장률은
$100\times(5813.6-5423.8)/5423.8$ = 약 7.19%

c. 1970년의 소비자 물가지수는 38.8, 1980년의 소비자 물가지수는 82.4이다.
연평균 성장률 공식을 사용하면,
$$100\times\left[\left(\frac{82.4}{38.8}\right)^{1/10}-1\right] = \text{약 } 7.82\%$$
2000년의 소비자 물가지수는 172.2, 2007년의 소비자 물가지수는 207.3이다. 마찬가지 방식으로,
$$100\times\left[\left(\frac{207.3}{172.2}\right)^{1/7}-1\right] = \text{약 } 2.69\%$$

d. 1929년의 실질 GDP는 865.2(십억달러), 2008년의 실질 GDP는 11666(십억달러)이다. 연평균 성장률 공식을 활용하면,
$$100\times\left[\left(\frac{11666}{865.2}\right)^{1/79}-1\right] = \text{약 } 3.35\%$$

3.

a. 개인소득세와 법인소득세가 큰 폭으로 인하된 것은 소득이 증가하는 효과를 가져오기 때문에 한계소비성향이 0보다 크다면 총수요가 증가할 것이다.

b. 국방비 지출이 감소한다는 것은 정부지출이 감소함을 의미한다. 이는 총수요를 감소시킨다.

c. 잠재산출량이 증가한 것은 노동과 자본의 양이 증가하고 효율이 향상됨을 의미한다. 이는 총공급을 증가시킨다.

d. 확장적 통화정책으로 금리가 하락하면 투자가 증가하게 되어 총수요가 증가한다.

4.

a, d : 총수요의 증가로 균형물가가 상승하며 균형산출량도 증가한다.

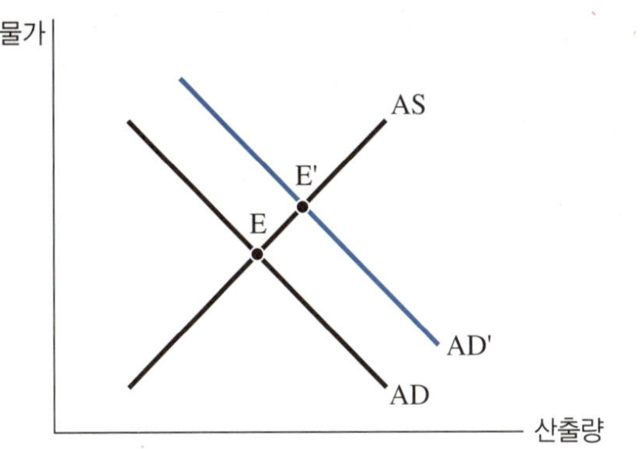

b : 총수요의 감소로 균형물가가 하락하며 균형산출량도 하락한다.

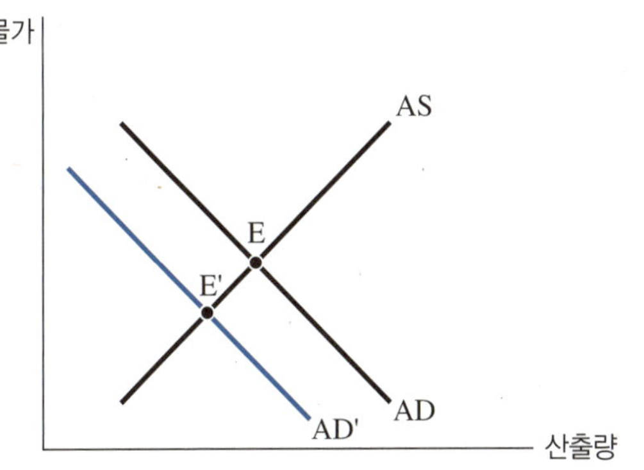

c : 총공급의 감소로 균형물가가 상승하며 균형산출량은 하락한다.

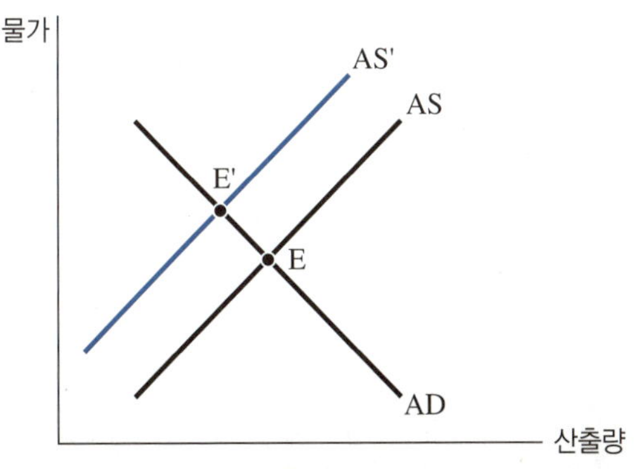

5.

a. 투자지출 증가에 대응하기 위해 긴축적 통화정책을 운영하여 금리를 인상시키거나 재정지출을 줄인다.

b. 자연재해로 총공급이 감소하였다. 이전과 같은 물가 수준을 유지하기 위해 재정지출을 줄이고 긴축적인 통화정책을 운영하여 총수요를 감소시킨다.

c. 잠재산출이 줄어들어 총공급이 감소하였다. b와 같은 방법을 사용하면 된다.

d. 순수출이 줄어든다는 말은 무역을 통해 벌어들인 소득이 줄어든다는 말이므로 총수요가 감소한다. 확장적 통화정책을 운영하고 재정지출을 늘려서 총수요를 다시 증가시킨다.

6.

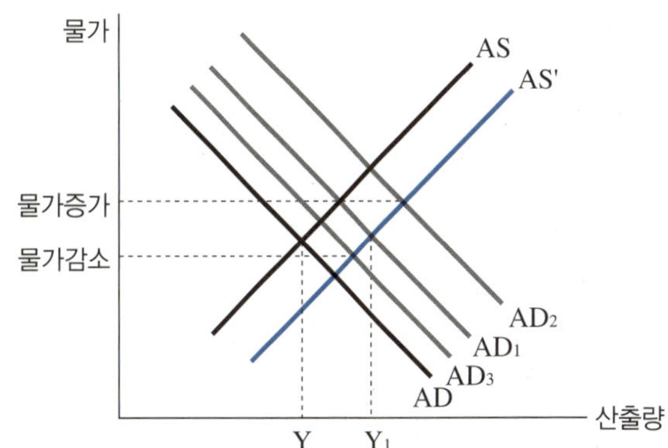

a. 세율이 낮아지면 가처분소득은 증가한다. 소득과 정부지출은 총수요를 구성하는 요인이므로, 세율을 낮춰 소득을 증가시키고 정부지출을 늘리면 총수요는 증가한다. 총수요가 증가하면 *AS*-*AD*그래프에서 *AD*곡선이 오른쪽으로 이동하여 균형물가와 균형산출량이 증가함을 알 수 있다.

b. 공급측면 경제학파의 주장도 함께 고려하면 레이건의 재정조치는 총수요를 상승시키고 잠재산출을 증가시켜 총공급도 상승시킬 것이다. *AS*-*AD*그래프에서 이를 나타내보면 균형산출량이 증가함을 알 수 있다(AD_1). 그러나 물가의 경우 그 영향을 정확하게 알기 어렵다. 만약 총수요의 증가가 물가에 미치는 영향이 총공급보다 클 경우 물가는 증가하게 되며(AD_2), 그 반대의 경우 물가는 감소

한다(AD_3). 총수요의 증가는 물가의 증가를 가져오는 반면 총공급의 증가는 물가의 감소를 가져오므로 이 두 영향이 합쳐져서 물가에 대한 영향이 결정된다.

7.

(a)의 경우 긴축적 재정정책은 오직 총수요를 감소시키는 영향만 미치게 되고 이는 균형물가와 균형산출량을 낮추게 될 것이다.

(b)의 경우 화폐정책이 재정정책이 총수요에 미치는 영향을 상쇄하게 된다. 여기에 투자가 증가하고 잠재산출량이 더 빠른 속도로 증가한다면 총공급이 상승하게 되어 물가는 감소하고 생산량은 늘어나게 된다.

8.

a. 1981년의 GDP 성장률은
   100×(5291.7−5161.7)/5161.7 = 약 2.52%
   물가상승률은 100×(59.1−54.1)/54.1 = 약 9.24%
   1985년의 GDP 성장률은
   100×(6053.7−5813.6)/5813.6 = 약 4.13%
   물가상승률은 100×(69.7−67.7)/67.7 = 약 2.95%
   총공급의 증가는 물가를 떨어트리고 생산량을 상승시킨다. 1985년의 경우 기업의 생산활동이 활발하여 물가는 조금 상승하고 생산량은 많이 늘었다고 볼 수 있다. 반면에 1981년에는 물가는 크게 올랐으나 생산량이 조금밖에 늘지 않아 기업의 활동이 상대적으로 위축된 때라는 것을 알 수 있다.

b.

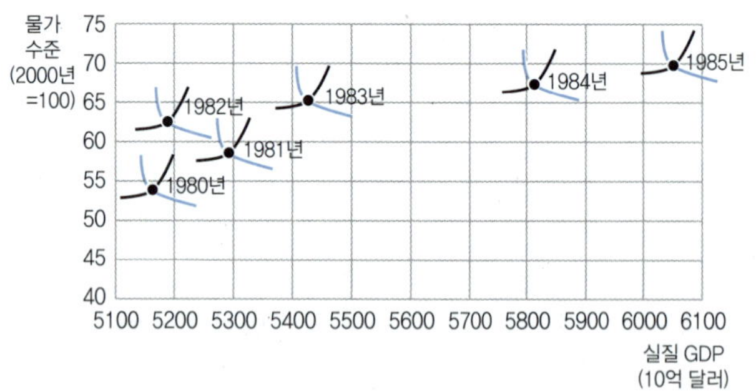

1981년~1982년 사이에 물가는 상승하는데 산출량은 오히려 줄고 있다. 이는 총수요와 총공급이 함께 줄어들어 나타난 현상이다. 미국은 급등하는 물가를 잡기 위해 1979~1982년 동안 통화 긴축정책을 시행하였다. 이후 물가상승률은 이전 시기에 비해 줄어든 것이 보인다. 그러나 긴축이 진행되는 동안은 총수요 감소, 실업증가와 산출량 감소에 의한 총공급 감소를 함께 겪게 되어 경기가 후퇴하였다.

제20장 경제활동의 측정

새뮤얼슨의 경제학 [하권] : pp. 70~71

1.

a. 소비란 구매자가 각종 서비스와 재화를 구매하는 행위이다. 예를 들어 마트에 가서 우유 한 팩을 사는 것, 미용실에서 머리를 자르는 것, 신형 컴퓨터를 구매하는 것 등이 모두 소비에 해당된다.

b. 총 국내 민간투자란 나라전체의 투자에서 국외투자를 제외한 부분이다. 예를 들어 기업이 새로운 고정설비를 도입하거나 창고를 새로 건설하는 것 등이 있다.

c. 정부 구매란 정부가 시장에서 재화와 서비스를 구매하기 위해 지출하는 것이다. 여기에는 정부가 개인에게 대가 없이 지급하는 돈인 이전지출이 포함되지 않는다. 예를 들어 공무원에게 지급하는 급여, 군대를 유지하기 위해 드는 식비, 새로운 학교 건립 등이 있다.

d. 정부의 이전지출은 사회보장이나 분배의 형평성 등을 위해 정부가 아무런 대가없이 개인에게 지급하는 돈이다. 예를 들어 실업급여나 최저생계비 지원 등이 있다.

e. 수출은 국내에서 생산된 상품의 일부가 무역을 통해 국외로 팔리는 것을 말한다. 예를 들어 국내 자동차 공장에서 생산한 자동차를 외국에 판매하거나 국내 드라마 컨텐츠를 외국의 방송사에 판매하는 것 등이 있다.

2.

화폐로 표시되는 재화의 가격은 각 재화들의 상대가격을 반영한다. 그러므로 산출물들의 시장가격에 생산량을 곱하여 더하는 방식으로 단위가 다른 산출물들의 합계를 계산할 수 있다.

3.

2006년의 명목 GDP는 13194.7이고 실질 GDP는 11319.4이다. 그러므로 GDP 디플레이터는 13194.7/11319.4 = 약 1.1657이다.

2007년의 명목 GDP는 13807.6이고 실질 GDP는 11523.9이다. 그러므로 GDP 디플레이터는 13807.6/11523.9 = 약 1.1982이다.

2007년의 명목 GDP 성장률은 (13807.6−13194.7)/13194.7 = 약 4.65%이며,

실질 GDP 성장률은 (11523.9−11319.4)/11319.4 = 약 1.81%이다.

GDP 디플레이터로 측정한 물가상승률은

(1.1982−1.1657)/1.1657 = 약 2.79%이다.

CPI로 측정한 물가상승률은 2.8%임을 「새뮤얼슨의 경제학(하권)」 19장 부록의 표를 통해 알 수 있다.

GDP디플레이터로 측정한 경우에 더 낮은 물가상승률을 보여 준다. 이 차이가 발생하는 것은 CPI가 일반적 도시소비자가 소비재에 지불하는 금액으로 산정되는 반면, GDP에는 시설투자비, 정부의 지출, 순수출 등 소비자가 지출하지 않는 부분도 포함하여 산정되기 때문이다. 또한 CPI의 경우 GDP와는 달리 각 재화의 소비 비중 변화도 반영하지 못하기 때문에 물가상승을 과대평가 혹은 과소평가 하는 경우가 있다.

4.

이윤 + 임금 + 이자 + 지대 = 최종생산이 되어야하므로,

1,000 = 750 + 125 + 75 + 이윤, 이윤 = 50이다.

산출물 1,000 중 3/4인 750이 소비되고 250은 투자된다.

상품접근으로 GDP를 계산하면, 이 나라의 GDP는 750 + 250 = 1,000이며 소득접근으로 계산하면, 750 + 125 + 75 + 50 = 1,000이다. 즉, 어떤 방식으로 하든지 정확하게 같은 값이 나온다.

5.

a. 호화주택의 요리사가 생산한 고급요리는 이미 그 노동의 대가로 요리사의 급료를 통해 지불되어 계산되기 때문에

다시 더하여 중복하지 않는다. 즉, 서비스를 통해 생산된 재화의 시장가격을 계산하여 더하지 않고 서비스 자체의 가격만 계산하면 된다.

b. 토지 한 필의 매입은 그 토지가 간척을 통해 새롭게 생산된 것이 아닌 이상 GDP에 포함되지 않는다. 소유가 이전되는 것일 뿐 새로운 재화나 서비스가 산출되는 것이 아니기 때문이다.

c. 램브란트가 처음으로 그림을 만들어서 팔았을 경우에 받은 돈은 GDP에 포함되겠으나 그 이후의 거래에서는 역시 새로운 재화나 서비스가 산출되는 것이 아니라 소유가 이전되는 것이기 때문에 GDP에 포함시키지 않는다.

d. 내구재를 이용하여 얻는 가치는 내구재를 구매할 당시의 가격에 이미 포함되어 계산되었다. 즉, 2005년에 콤팩트 디스크를 사고 낸 돈에 이미 모든 가치가 반영되어 계산되었기 때문에 다시 더해주지 않는다.

e. 환경오염은 시장의 외부에서 발생한 외부효과이다. 그렇기 때문에 기본적으로 시장가치를 계산하는 GDP에 들어가지 않는다.

f. GDP는 국내총생산이므로 해외에서 생산된 산출물의 이윤은 포함되지 않는다.

6.

상품 접근		소득 및 비용 접근	
개인소비지출	87 × \$5 = \$435	임금	100 × \$5 × 3/4 = \$375
총국내 민간투자	6 × \$5 = \$30	순생산세 (= 정부지출의 100%)	\$50
순수출	−3 × \$5 = −\$15	지대	\$75
정부의 소비지출 및 총투자	10 × \$5 = \$50		
국내총생산	\$500	국내총생산	\$500

7.

CPI가 신상품의 품질향상을 반영하지 못하면 CPI의 상승률이 실제보다 높게 추정된다. 즉, 10년 전의 핸드폰과 지금의 핸드폰의 품질은 차원이 다르다. 지금은 핸드폰을 이용하여 전화뿐만 아니라 인터넷 이용, 사진 촬영, 신용 거래 등이 가능하다. 따라서 이러한 품질 향상을 따지면 핸드폰의 실질적인 가격상승은 크지 않을 수 있다. 하지만 CPI는 이러한 제품의 개선을 반영하지 못하기 때문에 CPI의 상승률이 실제보다 높게 추정되는 것이다.

8.

a. 비임금 가사노동은 GDP에 포함되지 않는 반면 임금직무는 GDP에 포함된다. 여성이 임금직무에서 근로하는 시간이 늘어났다면 그만큼 GDP에 포함되는 임금의 양이 증가했을 것이다. 따라서 GDP가 커졌을 것이다.

b. 이런 GDP의 증가는 진정한 산출량의 증가를 과대평가한다. 가사노동을 하여 창출한 서비스는 이전에도 존재하였으나 시장에 포함되지 않다가 임금직무로 바뀌면서 포함된 것이기 때문이다. 만약 가사노동을 포함하는 국민계정 개선안을 도입하여 가사노동도 모두 GDP에 포함하게 되면, 이전보다 GDP 성장률을 낮게 하여 과대평가 문제를 줄일 수 있다.

c. 고용된 정원사의 노동은 임금으로써 GDP에 계산되지만 그와 결혼하게 되면 그 노동은 가사노동으로 취급되어 GDP에 포함되지 않기 때문에 "결혼하면 GDP가 감소한다."는 역설이 나타난다.

9.

a. 소비자 물가지수

$= 100 \times [0.149 \times 0.044 + 0.424 \times 0.03 + 0.037 \times (-0.014) + 0.177 \times 0.082 + 0.062 \times 0.046 + 0.056 \times 0.013 + 0.061 \times 0.03 + 0.033 \times 0.032]$

$= 3.97(\%)$이다.

각 항목의 상대적 중요성(%) 값들을 합하면 100이 나오지 않는다. 상대적 중요성의 첫째 자리 숫자는 반올림된 수치라 정확한 값이 아닌 것으로 보인다.

b. 2008년의 소비자 물가지수

$= 205.10 \times (1 + 0.0397) =$ 약 213.24 이다.

10.

"국민의 총생산에는 대기오염과 담배광고 때문에 증가된 담배소비로 인한 폐암, 대형사고로 인해 발생된 교통정체, 삼나무의 파괴와 슈피리어 호수의 죽음 같은 외부효과가 포함되지 않는다."라고 서술하면 더 정확하다. 외부효과는 시장 밖에서 발생하여 시장가치로 평가될 수 없는 것들을 의미하며, 이는 GDP에 포함되지 않는다. 그렇기 때문에 정확하게 서술하자면, 시장가치로 평가될 수 없어서 GDP에 포함되지 않는 것을 언급해야 한다. 그리고 이런 문제를 해결하기 위해서는 각각을 시장 내로 끌어들여 가치를 평가해 보아야 한다. 대기오염과 삼나무숲 파괴, 호수의 죽음은 그것이 얼마만큼의 경제적 손실을 내고 있는가, 혹은 이런 환경을 복원하기 위해 얼마나 돈이 드는가 등을 평가하는 방법으로 GDP에 포함시킬 수 있을 것이다. 대형사고의 경우 지체된 교통으로 몇 명이 경제적으로 얼마나 손해를 봤는지, 직접 사고에 연루된 경우에는 얼마나 손해를 봤는지를 계산하여 GDP에 포함 시킬 수도 있다. 담배소비 증가로 폐암 발병률이 올라가면 인적자본에 손해를 미치게 되므로 이 역시 계산하여 GDP에 포함시킬 수 있을 것이다.

제21장 소비와 투자

새뮤얼슨의 경제학 [하권] : pp. 102~103

1.

식품의 경우 생활에 필수적인 소비 품목이다. 가처분소득이 늘어남에 따라 식품 소비도 따라 늘지만 어느 한계점에 도달하면 더 이상 소비가 늘지 않는 양상을 보인다. 의류, 사치재, 저축의 경우 소득이 증가할수록 빠르게 상승한다. 특히 저축은 분기점 이하에서 음의 값을 가진다.(실제 소득보다 더 많이 소비함)

2.

a. 함수 자체의 이동과 함수를 따라가는 이동을 구분하는 중요한 사항은 그 변화가 우리가 상정한 모델의 내생적 변수인가, 아니면 외생적 변수인가 하는 점이다. 예를 들어 가격과 수량으로 정의된 모델에서는 가격에 의한 수량변화 혹은 수량에 의한 가격변화는 함수를 따라가는 이동이며, 그 외의 다른 요인은 외생변수로서 그러한 요인의 변화는 함수 자체의 이동과 관련되어있다.

b.

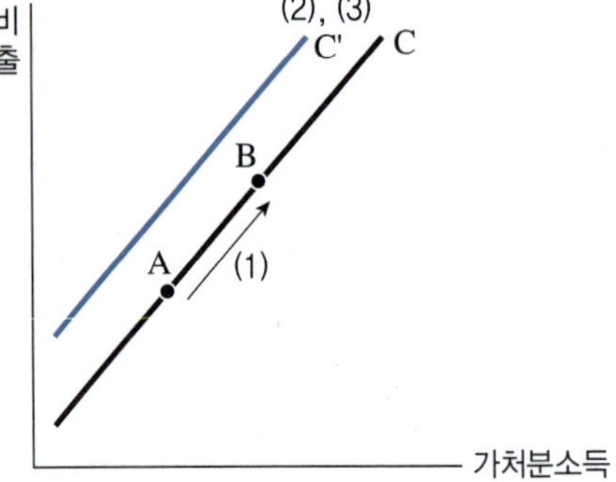

소비함수의 변수는 가처분소득과 소비지출이다. 그러므로 (1) 가처분소득의 증가는 함수를 따라가는 이동이며, (2) 부의 감소, (3) 주식가격의 하락은 함수 자체의 이동이다.

c.

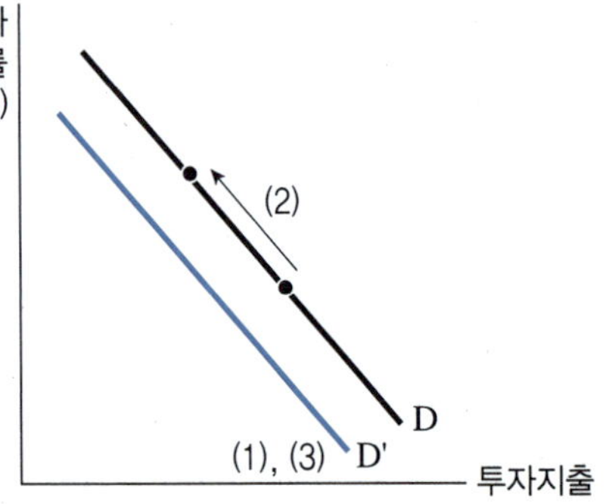

투자수요함수의 변수는 투자지출과 금리이다. 그러므로 (1) 내년의 산출량이 감소할 것이라고 내다보는 기대와 (3) 법인소득세 인상은 함수 자체의 이동이며, (2) 금리 인상은 함수를 따라가는 이동이다.

3.

A에서 B로 이동할 때,

$$MPC \equiv \frac{\Delta \text{소비지출}}{\Delta \text{가처분소득}} = \frac{25,000-24,200}{25,000-24,000}$$

$$= \frac{800}{1,000} = 0.8\text{이고,}$$

$$MPS \equiv \frac{\Delta \text{순저축}}{\Delta \text{가처분소득}} = \frac{0-(-200)}{25,000-24,000}$$

$$= \frac{200}{1,000} = 0.2\text{이다.}$$

이때 Δ순저축 $\equiv$ Δ가처분소득$-\Delta$소비지출이므로, 이를 MPS의 분모에 대입하면 $MPS + MPC \equiv 1$임을 알 수 있다.

4.

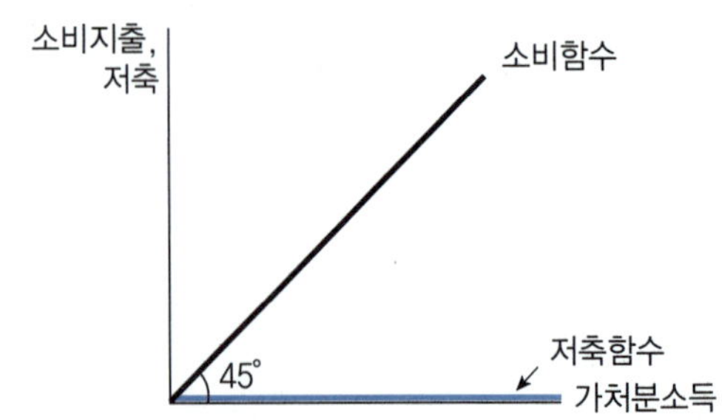

Δ가처분소득 = Δ소비지출이기 때문에 $MPC = 1$, $MPS = 0$이다.

5.

(생략)

6.

Δ소비지출 < Δ가처분소득이므로 MPC에서 분모가 분자보다 크게 되어 $MPC<1$, $MPS>0$이다.

7.

〈그림 21-2〉를 보자. 예를 들어 A씨가 직장에서 승진하여 가처분 소득이 25,000달러에서 29,000달러로 상승하였다고 하면 이에 따라 A씨의 소비지출이 25,000달러에서 28,200달러로 상승할 것이다. 이는 함수상의 선을 따라가는 이동임을 알 수 있다. 만약 A씨를 비롯한 모든 국민들이 주식을 보유하고 있다고 생각해보자. 주식시장이 활기를 띠어 KOSPI 지수가 10%정도 상승한다면 모든 이의 부가 10% 증가 할 것이다. A씨를 비롯한 모든 사람들은 부가 증가했으므로 이전과 동일한 가처분소득을 벌고 있음에도 불구하고 소비를 늘릴 것이다. 이는 소비함수 자체를 위로 들어 올릴 것이다.

8.

a. 같은 투자지출로 두 배의 연간 수익을 올릴 수 있게 되었으므로 투자수요함수가 Y축을 기준으로 2배로 높아진다.(그래프가 위쪽으로 올라감)

b. 금리는 투자수요함수를 따라가는 변화를 유발한다. 금리가 5%일때 G까지 투자(투자지출 5,500만 달러)하고, 10%일 때 E까지 투자(투자지출 3,000만 달러)하며, 금리가 15%가되면 C까지 투자한다(투자지출 1,500만 달러). 즉, 함수 자체의 변화는 없고 투자지출이 1,500만 달러로 줄어든다.

c.

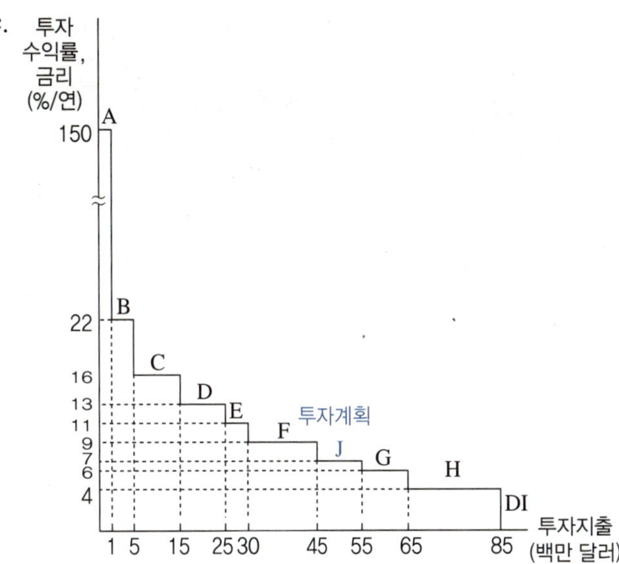

d. 순수익은 이자비용을 빼서 계산하기 때문에 순이익에 세금을 부과하는 것은 이자비용을 공제해주는 것이다(이자에는 세금부과를 하지 않는다는 것이다). 그러므로 투자수익과 투자지출 간의 관계변화는 없다. 세금부과로 순이익이 반으로 줄어든다고 해서 연간 순이익이 음수인 투자계획(금리가 10%인 경우 F)까지 지출을 늘리지 않는다.

9.

a.

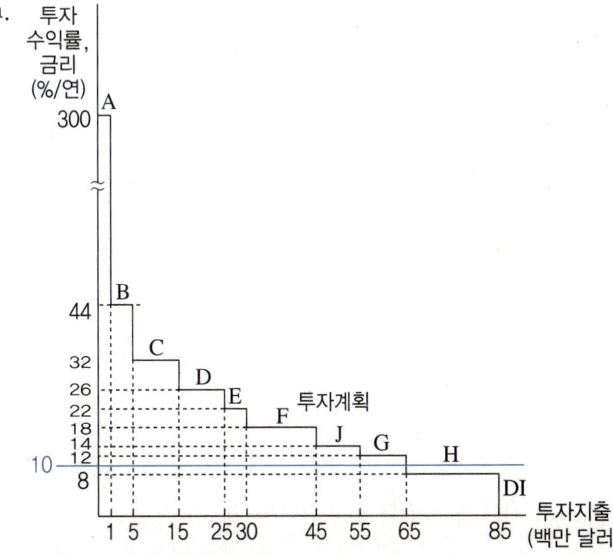

6,500만 달러만큼 투자를 한다.

b. 금리가 15% 오른다면 수익률이 15% 이상인 것들에만 투자를 하게 되므로, *C*까지 투자한다. 즉 투자지출은 1,500만달러로 줄어든다.(문제 8번의 c그래프 참고)

c. 문제 8번의 c그래프를 보면, 금리가 10%일 때 *E*까지 투자하여 투자지출이 3,000만 달러이고 5%일때 *J*를 포함하여 *G*까지 투자하기 때문에 투자지출이 6,500만 달러이다.

d. 세금이 부과되어 순이익이 반으로 줄더라도 그래프 자체는 변하지 않으므로 위의 c문제와 동일하게 투자를 한다.

10.

a. 가정에 따르면 나의 연도별 소비를 매년 똑같이 하는 것이 나의 효용을 극대화할 수 있다. 나의 생애 총소득은 100,000달러이므로 매년 20,000달러씩 소비하는 것이 최적이다.

연도	소득	소비	저축	누적저축	저축률
1	30,000	20,000	10,000	10,000	33.33%
2	30,000	20,000	10,000	20,000	33.33%
3	25,000	20,000	5,000	25,000	20%
4	15,000	20,000	−5,000	20,000	−33.33%
5(은퇴)	0	20,000	−20,000	0	

4년 동안의 평균저축률은 26.67%이다.

b. 연간 총소득은 변함이 없으므로 역시 매년 20,000달러를 소비하는 것이 최적이다.

연도	소득	소비	저축	누적저축	저축률
1	28,000	20,000	8,000	8,000	28.57%
2	28,000	20,000	8,000	16,000	28.57%
3	23,000	20,000	3,000	19,000	14.04%
4	13,000	20,000	−7,000	12,000	−53.85%
5	8,000	20,000	−12,000	0	

4년 동안의 평균저축률은 16.34%이다. 가처분소득의 감소로 인하여 소비를 유지하기 위해서는 저축을 줄여야 하기 때문에 a의 경우보다 저축률이 감소한 것이다. 이처럼 사회보장을 위하여 세금을 거두어들이면 연금을 받기 전의 기간 동안 가처분소득이 감소하지만 소비수준은 일정하기 때문에 저축률이 감소할 수 있다.

제22장 경기순환과 총수요

새뮤얼슨의 경제학 [하권] : pp. 144~145

1.

명목소득은 정해져 있는데 물가가 상승하게 되면 실질 가처분소득은 하락한다. 가처분소득이 줄면 소비는 감소하게 되고, 물가상승으로 인해 금리는 오르게 되어 투자와 소비가 감소하게 된다. 즉, 다른 변화는 일정한 상태에서 오직 물가만 변했을 때 총지출이 변하게 되는데 이것이 총수요 곡선을 따라가는 이동이다. 반면에 다른 조건이 일정하지 않고 변하는 경우, 같은 물가 수준에서 총지출이 변하게 되고 이것은 총수요곡선 자체를 이동시키게 된다.

잠재산출량이 증가한다는 것은 경제 내의 가용자원이 많아졌다는 것을 뜻한다. 그렇기 때문에 같은 물가에서 산출량이 더 늘어난다. 이는 *AS*곡선 자체를 바깥으로 이동시킨다. *AS*곡선이 이동하기 전의 균형점은 이제 불균형점이 된다. 이전의 물가에서는 총지출이 총산출보다 적은 상태이다. 그렇기 때문에 수요보다 공급이 많아 가격은 하락하고 이에 따라 총지출이 다시 늘어나서 총지출과 총산출이 동일해지는 점으로 새로운 균형이 이루어진다. 즉, 이것은 *AD*곡선의 입장에서 *AD*곡선을 따라가는 이동이다.

다른 조건이 동일한데 세금이 인하될 경우 가처분소득이 증가하므로 동일 물가에서 소비가 증가하여 *AD*곡선이 바깥으로 이동하게 된다.

2.

변수		총수요에 미치는 영향
정책 변수	통화정책	긴축적 통화정책은 금리를 높이고 신용조건을 엄격하게 한다. 높아진 금리로 투자가 줄어들고 내구재 소비도 감소한다.
	재정정책	긴축적 재정정책으로 정부가 지출을 줄이고 세금은 늘리게 되면 정부지출 감소가 곧바로 총지출 감소에 영향을 주고, 세금의 상승으로 가처분소득이 감소하여 민간의 소비도 줄어들게 된다.
외생 변수	해외물가	해외의 물가가 상승하면 국내통화 가치가 상대적으로 오르기 때문에 환율이 상승하여 순수출이 감소한다.
	자산가치	부동산 시장의 불황으로 집값이 떨어지면 가계의 부가 감소하고 이는 소비 감소로 이어진다.
	미래에 대한 비관적 예상	사람들이 미래의 경제전망에 대해 비관적으로 예상하면 투자를 줄이게 된다.
	기타	메르스 같은 전염병의 확산, 재난과 참사는 민간 소비를 위축시킨다.

3.

a. 〈그림 31-5〉 참고

b. 실물경기순환모델은 경기순환의 일반적 특징을 잘 설명하지는 못한다. 실물경기순환모델에서는 *AS*가 아주 비탄력적이어서 수직인 꼴을 보인다. 그렇기 때문에 *AD*의 움직임은 오직 물가만 변화시키고, *AS*가 기술충격에 의해 변해야만 경기가 순환할 수 있다고 본다. 그러나 실제 경기순환에서는 이러한 외생적 원인만 있는 것이 아니라 내생적 원인도 있어서 경기후퇴, 침체, 확장의 순환이 뒤따르게 된다. 또한 이런 경기순환의 과정에 정부가 재정, 통화정책을 사용하여 더 깊은 침체에 빠지지 않도록 할 수 있다. 생산성 충격은 대부분 생산성을 늘리는 방향으로 작용하는 경우가 많기 때문에 자연재해처럼 아주 불규칙한 생산성 하락 충격은 순환하는 경기를 설명하는 데 부족하다. 그러므로 오직 *AS*만이 경기를 순환시킨다고 보기는 어렵다.

4.

단순한 승수 모델에서 투자가 0이라면 총소비함수가 총지출함수와 동일하다. 총지출과 총생산이 일치하는 부분에서 균형이 생기게 되므로, 분기점에서 균형이 이루어진다. 만약 여기에 고정된 투자 *I*가 더해지면 총지출함수는 총소비함수를 Y축으로 I만큼 이동한 꼴이 된다. 총소비함수의 기울기 MPC는 1보다 작기 때문에 이를 I만큼 위로 이동시켰을때 45도 선과 만나는 균형산출량은 소비함수의 분기점보다 더 높은 곳에 생긴다.

5.

승수 모델에서 균형은 총산출과 총지출이 일치하는 점이다. 총산출이 총지출보다 많다면 수요보다 더 많이 생산하고 있는 것이기 때문에 기업은 산출을 줄이려고 할것이다. 반대로 총지출이 총산출보다 많다면 기업은 더 많이 생산하려 한다. 이렇게 지출과 산출을 움직이는 힘이 평행을 이루어 더 이상 움직이지 않게 될 때를 균형이라 한다.

a. GDP가 33,000억 달러일때 총지출계획은 34,000억 달러로 지출이 더 많은 상태이다. 따라서 기업은 GDP와 총지출계획이 일치할 때까지 생산을 늘린다.

b. 투자가 0이라면 소비함수가 총지출함수와 일치한다. M에서는 산출이 지출보다 더 많기 때문에 기업은 생산량을 B점까지 줄여 총지출과 총생산이 일치하게 한다.

c. 재고가 증가한다는 것은 공급이 수요보다 많다는 것, 즉 총지출보다 총산출이 많다는 의미이다. 기업은 생산을 줄여서 재고가 적정량을 회복하게 하여 총지출이 총생산과 일치하게 한다.

6.

(a) 투자 3,000억 달러일 때

(단위 : 억 달러)

GDP	소비 지출 계획	저축 계획	투자 지출 계획	GDP 수준		총지출 계획	산출량의 변화 방향
42,000	38,000	4,000	3,000	42,000	>	41,000	수축
39,000	**36,000**	**3,000**	**3,000**	**39,000**	**=**	**39,000**	**균형**
36,000	34,000	2,000	3,000	36,000	<	37,000	확장
33,000	32,000	1,000	3,000	33,000	<	35,000	확장
30,000	30,000	0	3,000	30,000	<	33,000	확장
27,000	28,000	−1,000	3,000	27,000	<	31,000	확장

(b) 투자 4,000억 달러일 때

(단위 : 억 달러)

GDP	소비 지출 계획	저축 계획	투자 지출 계획	GDP 수준		총지출 계획	산출량의 변화
42,000	**38,000**	**4,000**	**4,000**	**42,000**	**=**	**42,000**	**균형**
39,000	36,000	3,000	4,000	39,000	<	40,000	확장
36,000	34,000	2,000	4,000	36,000	<	38,000	확장
33,000	32,000	1,000	4,000	33,000	<	36,000	확장
30,000	30,000	0	4,000	30,000	<	34,000	확장
27,000	28,000	−1,000	4,000	27,000	<	32,000	확장

(a)의 경우 투자가 1,000억 달러 증가했는데 균형에서 GDP는 3,000억 달러 증가하였고 (b)의 경우 투자가 2,000억 달러 증가하였는데 균형에서 GDP는 6,000억 달러가 증가하였다. 즉, 투자가 늘어난 양의 3배 만큼 GDP가 증가하였다. 그 이유는 1차적인 투자증가가 연쇄적인 2차적 소비지출을 끝없이 유발하기 때문이다. 이 소비지출 유발효과의 합은 승수로 계산된다. 표의 MPC는 2/3이었고, 지출승수는 $\frac{1}{1-MPC}$이므로 승수는 3이라는 것을 알 수 있다. 따라서 투자의 증가량보다 GDP의 증가량이 크다.

만약 투자가 1,000억 달러만큼 감소한다면,

$-1{,}000 \times \frac{1}{1-\frac{2}{3}} = -3{,}000$으로, GDP가 3,000억 달러만큼 감소한다는 것을 알 수 있다.

7.

(a) 승수는 multiplier 즉, 곱해지는 것으로, 한 단위의 외생적 지출이 최종적으로 경제에 얼마나 큰 파급효과를 내는지 보여주는 값이다.

(b) 예를 들어 한계소비성향이 r인 경제에서 외생적 지출 1단위가 증가하면,

$1 + r + r^2 + r^3 + r^4 + \cdots = \frac{1}{1-r}$만큼 GDP가 증가한다.

(c) 총지출이 $C + I$로만 이루어진 단순한 모델에서 I가 1 증가했을 때 GDP의 증가량이 승수이다. 이를 그래프로 나타내보면 다음과 같다.

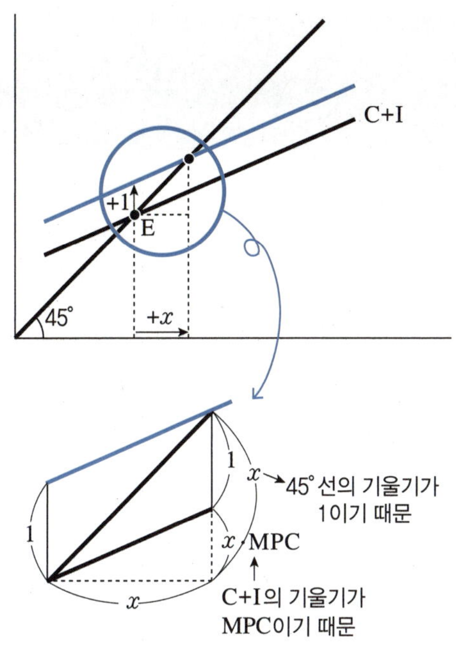

도형으로 수식을 유도하면,

$1 + x \times MPC = x$

$1 = x(1-MPC)$

$x = \dfrac{1}{1-MPC}$과 같이 나온다.

즉, $MPC = 0.9,\ 0.8,\ 0.5$일 때의 승수는 각각 10, 5, 2이다.

8.

정부가 지출을 1단위 늘리면 그것은 곧바로 총지출에 포함되고 그 이후에 한계소비성향을 곱한 만큼 이차적 지출이 연쇄적으로 늘어나 결국 승수만큼 총지출이 늘어나게 된다. 하지만 세금을 1단위 인하하면 그만큼 늘어난 가처분소득에 한계소비성향을 곱한 만큼만 총지출을 늘리고 나머지는 저축으로 들어가게 된다(연쇄적 반응이 없음). 그렇기 때문에 세금승수가 지출승수보다 작을 수밖에 없다.

9.

정부가 지출을 늘리게 되면 그것에 승수를 곱한 만큼 총지출이 늘게 되므로 *AD*곡선을 바깥으로 이동시킬 수 있다. 수요가 늘어났기 때문에 기업은 고용을 늘려 생산량을 높이게 될 것이다. 즉, 군비확충이 낭비적인 것이든, 생산적인 것이든 간에 군비로 지출한 돈이 결국 소득이 되어 소비를 유발하는 이차적 효과를 낳는다. 그러므로 군비지출의 증가는 경기 후퇴기에 소비를 진작시키고 생산을 늘려 고용도 창출하는 효과를 줄 수 있다.

10.

저축률이 높아지는 것이 항상 경제에 이로운 것은 아니다. 만약 사람들이 저축을 늘리게 되면 소비가 줄어들게 된다. 〈그림 22-7〉을 참고해서 보면, 소비의 감소는 *TE*곡선(총지출곡선, $C+I$곡선)을 아래로 이동시킨다. 이렇게 되면 균형점에서의 산출량은 이전보다 낮은 수준이기 때문에 사람들의 소득이 감소하여 저축이 증가하지 않게 된다.

11.

(생략)

12.

(생략)

제23장 화폐와 금융시스템

새뮤얼슨의 경제학 [하권] : pp. 186~187

1.

총예금 $= 1,000,000 \times \frac{1}{0.2} = 5,000,000$

자산		부채	
지준금	1,000,000	요구불예금 및 금태환권	5,000,000
투자	4,000,000		
총계	5,000,000	총계	5,000,000

은행예금의 20%가 지준금이 된다.

2.

a. 실질 GDP의 상승은 총지출이 늘어났다는 것을 의미한다. 사람들이 소비를 위해 더 많은 화폐를 보유하려 할 것이므로 화폐의 거래적 수요가 증가한다.

b. 물가 수준이 상승하면 같은 양의 소비를 위해 필요한 화폐의 양이 증가하므로 화폐의 거래적 수요가 증가한다.

c. 저축성 예금과 국채의 금리가 상승하면 사람들은 화폐보다 금리를 받을 수 있는 자산을 선호하게 된다. 즉, 화폐의 기회비용이 상승하여 화폐의 수요가 감소한다.

d. 모든 물가, 소득, 임금이 두 배가 되면 화폐의 거래적 수요도 정확히 두 배가 된다.

e. 요구불예금에 지급되는 은행금리가 상승하면 화폐의 기회비용이 하락하여 화폐 수요는 증가한다.

3.

a. 시장금리는 8%에서 9%로 상승하는데 요구불예금의 금리는 0으로 고정되어있으므로 기회비용이 1% 포인트 더 높아진다.

b. 시장금리가 하락함에 따라 요구불예금의 금리도 함께 떨어진다. 따라서 기회비용도 3%에서 1.5%로 하락한다.

c. 평균기법을 사용하여 계산해보자. a의 경우 기회비용이 8%에서 9%가 되었다. 즉, 기회비용의 변화율은 11.8%이다. 따라서 요구불예금의 수요는 −1 × 11.8%, 즉 −11.8%만큼 감소한다. b의 경우 기회비용이 3%에서 1.5%가 되었다. 즉, 기회비용의 변화율은 −0.7%이다. 따라서 요구불예금의 수요는 −1 × (−0.7%), 즉 0.7%만큼 증가한다.

4.

*M*1을 구성하는 두 가지 요소는 현금과 결제성 예금이다. 저축성 예금은 예금주가 원하는 경우 언제든 출금이 가능한 요구불예금이 아니다. 그래서 *M*1에 포함된다고 볼 수 없다. 물론 저축성 예금 중 수시출금이 가능한 예금상품은 *M*1에 포함시키기도 한다. 지하철승차권, 우표, 스타벅스 카드는 일종의 재화이지 화폐가 아니다. 신용카드와 직불카드는 요구불계좌에 있는 돈을 쉽게 이체 할 수 있게 하는 수단이다. 이것이 직접 *M*1에 포함되는 것이 아니라 카드와 연계된 요구불계좌의 돈이 결제성 예금으로써 *M*1에 포함된다. 러시아인들이 모스크바에서 사용하는 미화 20달러 지폐는 *M*1에 포함된다. 중앙은행에서 발행되어 은행창구를 떠나 시중에 돌아다니는 현금은 모두 *M*1에 해당한다. 미국은 외국에서 사용되는 달러 역시 *M*1에 포함되는 것으로 통계를 내고 있다.

5.

투자 포트폴리오를 구성할 때 중요한 것은 수익률과 위험이다. 화폐는 명목 수익률이 0이며 위험도 0이다. 그러나 미국 단기 국채 같은 무위험 자산의 경우 위험이 0이면서 수익을 낸다. 그러므로 화폐를 보유하는 것은 무위험 자산의 수익률만큼 기회비용을 발생시킨다. 화폐를 포트폴리오에 포함시키면 같은 양의 무위험 자산을 포함시킬 때보다 수익률은 낮으면서 위험도는 동일하기 때문에 최적 포트폴리오에는 화폐가 포함되어서는 안 된다. 만약 요구불예금이 무위험 투자수단과 동일한 수익률을 낸다면 화폐 또한 하나의 무위험 자산으로써 포트폴리오에 포함되어도 좋을 것이다.

6.

a. 법인소득세가 인하된다면 기업의 당기 순이익이 높아질 것이다. 투자자들은 정부의 발표를 듣고 7월부터 개선될 당기 순이익을 기대하고 이에 따라 행동하기 때문에 높아질 기업가치가 즉각 주가에 반영되어 주식가격이 상승할 것이다.

b. a에 이어서 b사건이 일어난다면 법인소득세에 의한 기업가치 상승은 이미 예상되어 주식가격에 반영되어 있기 때문에 아무런 영향이 없을 것이다.

c. 중국산 수입자동차의 수량제한으로 투자자들은 미국 내 생산 자동차의 판매량이 올라갈 것으로 예상할 것이고 이러한 매출상승 예상은 모두 주가에 즉각 반영되어 주식가격이 상승할 것이다.

d. 정부의 발표가 있었을 때부터 다음 해에 수량제한이 있을 것을 예상할 수 있었기 때문에 이 사건은 주가에 아무런 영향을 미치지 않는다.
(단, 시장 투자자들이 정부를 100% 신뢰할 때의 결과임. 만약 정부를 신뢰하지 않는다면 정부의 발표는 주가에 큰 영향을 주지 못할 수도 있다.)

7.

a. 은행은 초과지준금을 최대한 줄이려고 할 것이다. 은행 지준금에 금리가 붙더라도 시장금리가 1% 포인트 더 높기 때문에 대출을 해주는 것이 이득이기 때문이다.

b. 만일 은행 지준금에 지급되는 금리가 시장금리와 동일하다면 은행은 초과 지준금을 늘리고 아예 신규 대출을 하지 않을 것이다. 가만히 있기만 해도 시장에 대출해 준 것과 동일한 이자가 들어올 것이기 때문에 굳이 대출을 하여 부도 위험성을 떠안을 필요가 없다.

c. 시장금리가 0일 때 은행은 대출을 해줄 때의 위험에 대해 보상을 전혀 못 받고 있는 상황이다. 은행은 굳이 신규 대출을 늘릴 필요가 없어지므로 예금이 대출되어 다시 예금으로 돌아오는 연쇄적 고리가 끊어지게 된다. 그러므로 지준금의 몇 배로 예금통화가 불어나는 관계는 느슨해진다.

8.

거대미국은행의 법정 지준율은 10%이다. 증가된 지준금이 1억 달러이므로 총 증가된 예금 통화는 10억 달러여야 한다. 거대미국은행이 지준금 증가액의 90% 이상을 대출해주면 이 은행의 지준율은 10% 이하가 될 것이다. 이를 만회하기 위해 기존대출을 상환 받거나 부채를 늘려 법정 지준율을 회복하도록 할 수 있다. 만약 지준금의 증가액 중 95%를 대출해 주게 되면, 이 은행의 예금통화는

$$1+1\times0.95+1\times0.95^2+\cdots=\frac{1}{0.05}=20$$

즉, 20억 달러가 된다. 이렇듯 은행이 대출을 더 많이 해주면 통화창조 승수는 더 커지게 된다.

9.

a. 효율적 금융시장에서는 모든 정보가 투자자들에게 곧바로 입수되어 시장가격에 반영된다. 이 옵션의 가치가 1달러보다 높은 이유는 투자자들이 판타시아 닷컴의 주식가격이 3개월 내에 주당 11달러 이상으로 오를 것이라는 기대를 하고 있기 때문이다.

b. 내일 주가가 5달러 올라 14달러가 된다면 콜옵션을 행사하여 4달러의 이익을 볼 수 있고 5달러가 하락한다면 콜옵션을 행사하지 않고 수익은 0이 된다. 이런 옵션의 가치는 기대수익과 동일할 것이므로
기대수익 $=4\times\frac{1}{2}+0\times\frac{1}{2}=2=$ 옵션의 가치이다.

c. $9\times\frac{1}{2}+0\times\frac{1}{2}=4.5$ 로 옵션의 가치는 상승한다.

콜옵션은 주식가격이 크게 오를수록 옵션 매수자의 이익이 커진다. 그러나 주식가격이 하락할 때는 옵션을 행사하지 않을 수 있어 손실을 줄일 수 있다. 그러므로 변동성이 높아지면 주식가격이 크게 오를 가능성이 커지기 때문에 옵션의 가치는 상승한다.

10.

(생략)

제24장 통화정책과 경제

새뮤얼슨의 경제학 [하권] : pp. 230~231

1.

a. 주택가격이 하락하고 투자가 위축되는 상황에서 연준은 (1) 지준금리를 낮추려고 할 것이다. (2) 지준금리를 낮추기 위해 연준은 지준금 공급을 늘려야 한다. 공개시장개입을 통해 증권을 매입하여 지준금 저량을 늘린다. (3) 지준금 저량이 늘어나면 단기금리가 하락한다. (4) 금리가 하락하면 투자수요함수를 따라 투자수요가 늘어난다.

b. 연준은 AD곡선을 안쪽으로 이동시키고 싶어 한다. 이를 위해서는 (1) 지준금리를 높여야 한다. (2) 지준금리를 높이기 위해 연준은 지준금 공급을 줄인다. 공개시장개입을 통해 증권을 매각함으로써 지준금 저량을 줄인다. (3) 지준금 저량이 줄면 단기금리는 상승한다. (4) 금리가 상승하면 투자, 소비, 순수출이 줄어들어 AD곡선이 안쪽으로 이동한다.

2.

경제의 총산출이 줄어드는 국면을 완화하기 위해 확장적 통화정책이 필요하다. 공개시장개입을 통해 지속적으로 증권을 매입하여 단기금리를 낮추기 위해 노력해야 한다. 이와 함께 재할인율을 인하하고, 지준예치금 금리를 낮추어 지준금을 최대한 작게 하는 것을 목표로 할 것이다.

3.

※ 지준금 = 지준예치금, 예금도 결제성 예금만 있는 것으로 가정

〈표1 은행시스템의 대차대조표〉

(단위 : 십억 달러)

자산		부채	
지준금	47	요구불예금	470
대출 및 투자	423		
총계	470	총계	470

〈표2 연준의 대차대조표〉

(단위 : 십억 달러)

자산		부채	
증권	479.8	현금통화	832.4
대출, 입찰여신, 환매조건부 매입	322.5	지준금	47
기타자산	181	기타	103.9
총계	983.3	총계	983.3

a.

〈표3 연준의 대차대조표〉

(단위 : 십억 달러)

자산		부채	
증권	479.8−1 = 478.8	현금통화	832.4
대출, 입찰여신, 환매조건부 매입	322.5	지준금	47−1 = 46
기타자산	181	기타	103.9
총계	983.3−1 = 982.3	총계	983.3−1 = 982.3

〈표4 은행시스템의 대차대조표〉

(단위 : 십억 달러)

자산		부채	
지준금	47−1 = 46	요구불예금	470−10 = 460
대출 및 투자	423−9 = 414		
총계	470−10 = 460	총계	470−10 = 460

b.

〈표5 연준의 대차대조표〉

(단위 : 십억 달러)

자산		부채	
증권	479.8	현금통화	832.4
대출, 입찰여신, 환매조건부 매입	322.5	지준금	47
기타자산	181	기타	103.9
총계	983.3	총계	983.3

〈표6 은행시스템의 대차대조표(지준율=20%)〉

(단위 : 십억 달러)

자산		부채	
지준금	47	요구불예금	235
대출및 투자	188		
총계	235	총계	235

c.

〈표7 연준의 대차대조표〉

(단위 : 십억 달러)

자산		부채	
증권	479.8	현금통화	832.4
대출, 입찰여신, 환매조건부 매입	322.5 + 1 = 323.5	지준금	47 + 1 = 48
기타자산	181	기타	103.9
총계	983.3 + 1 = 984.3	총계	983.3 + 1 = 984.3

〈표8 은행시스템의 대차대조표(지준율=10%)〉

(단위 : 십억 달러)

자산		부채	
지준금	47 + 1 = 48	요구불예금	480
대출 및 투자	432		
총계	480	총계	480

4.

a, b.

※ 단위=억 달러 ※ 구분 : a, b

〈표9 중앙은행의 대차대조표〉

자산		부채	
국공채	2,100–10	현금통화	2,000
		지준금(지준예치금 + 시재금)	100–10
총계	2,100–10	총계	2,100–10

〈표10 은행시스템의 대차대조표〉

자산		부채	
지준금(지준예치금 + 시재금)	100–10	요구불예금	1,000–100
대출및 투자	900–90		
총계	1,000–100	총계	1,000–100

중앙은행의 공개시장조작으로
$M1$은 2,000 + 1,000 = 3,000에서
2,000 + 900 = 2,900으로 줄어들었다.

c. 공개시장 매각을 통해 지준금이 줄어들면 금리는 상승하고 이는 투자를 감소시킨다. 금리상승에 의해 소비, 투자, 순수출이 감소하고 총산출은 줄어들게 된다.

5.

독립적인 중앙은행은 나라의 통화를 지키고 물가상승을 억제하는 파수꾼이다. 직접적으로 경제에 큰 영향을 끼칠 수 있는 힘을 가지고 있기에 그 힘은 정치권의 영향에서 벗어나 오로지 나라의 경제 발전을 위해 사용될 수 있어야 한다. 행정부가 중앙은행을 통제하는 국가들의 예를 보면 중앙은행의 통화정책이 당파적 목적을 위해 사용되는 경우가 있다. 또한 독립적 중앙은행은 역사적으로 물가상승을 억제하는 데 더 효과적이었다. 따라서 독립적 중앙은행이 비독립적 중앙은행보다 한 국가의 경제에 더 도움이 된다.

6.

a. 명목금리는 0 이하가 될 수 없다. 현금은 실물과 달리 금고에 보관만 해 두어도 0%의 금리를 보장한다. 1,000원을 주머니에 잘 보관해 놓으면 언제까지나 명목적으로 그

현금의 가치는 1,000원이다. 그렇기 때문에 금리가 0인 채권을 살 이유가 없다.

b. 명목금리가 0이고 물가가 2%씩 하락하는 경우 실질금리는 2%이다. 명목금리는 0 이하가 될 수 없기 때문에 이 시기 일본의 중앙은행이 선택할 수 있는 최저 실질금리는 2%이다.
   (명목금리 = 실질금리 + 기대물가상승률,
   실질금리 = 명목금리−기대물가상승률)

c. 경제가 유동성 함정에 빠져 명목금리가 0에 가까울 때 기대물가상승률이 어느 정도 높으면, 실질금리는 음수가 되어 투자가 늘어날 가능성이 있어 문제가 크지 않다. 하지만 디플레이션이 발생할 경우 기대물가상승률이 음수가 되고, 실질금리는 양수가 된다. 이러한 상황에서 실질금리를 더 이상 낮출 수 없기 때문에 물가가 하락할수록 실질금리는 더욱 상승하고 투자는 줄어들게 된다.

7.

독일의 통화 긴축은 금리를 상승시켰을 것이다. 이 금리상승의 수혜를 누리기 위해 많은 자본이 독일 금융시장으로 흘러들어가게 된다. 이 과정에서 미국에 있던 투자자들이 달러화를 팔고 마르크화를 사서 투자하게 되면서 달러화의 시세가 상대적으로 하락하게 되었을 것이다. 달러화의 외환시세가 하락하면 미국의 수입은 줄어들고 수출은 늘어나 순수출이 증가한다. 즉, 총수요가 증가하여 미국의 경제활동이 촉진된다. 마르크화의 환율이 고정된 상황에서 독일의 금리가 오르면 다른 유럽 국가들은 그에 따라서 금리를 올려야 할 수 밖에 없다. 금리를 따라 올리지 않으면 금리가 낮은 쪽에서 높은 쪽으로 자본이 흘러가게 되고 그 과정에서 환율의 변화가 발생하기 때문이다. 이렇게 독일과 유럽 국가들이 동시에 금리를 인상기키면서 소비와 투자, 순수출이 감소하여 동시에 경기후퇴를 맞게 된 것이다.

8.

확장적 통화정책은 총수요를 상승시켜 경기를 부양시킬 수 있는 수단이다. 공개시장조작 등을 통해 금리를 낮추면 투자와 소비가 늘고 환율 하락으로 순수출도 늘어난다. 이를 통해 총수요가 증가하면 산출량이 늘어나 경기침체를 막을 수 있는 수단이 된다.

memo

제 6 부
성장과 발전, 그리고 세계경제

제25장 경제성장

새뮤얼슨의 경제학 [하권] : pp. 266~267

1.

a. 1980~81년 사이의 실질 GDP의 연간 성장률 :

$$100 \times \left(\frac{5291.7}{5161.7} - 1\right) = 2.52\%$$

1980~82년 사이의 실질 GDP의 연간 성장률 :

$$100 \times \left[\left(\frac{5189.3}{5161.7}\right)^{\frac{1}{2}} - 1\right] = 0.27\%$$

b. 전체기간의 노동생산성의 성장률 :

$$100 \times \left[\left(\frac{110.29}{100}\right) - 1\right] = 10.29\%$$

연간 노동생산성의 성장률 :

$$100 \times \left[\left(\frac{110.29}{100}\right)^{\frac{1}{5}} - 1\right] = 1.98\%$$

2.

스미스와 맬서스와 같은 고전파 경제학자는 땅이 무제한으로 공급될 때만 인구 증가와 같은 속도로 산출량이 증가할 것이라 생각했다. 그리고 만약 땅이 제한되어 있다면 인구가 증가함에 따라 총산출량은 늘어나지만, 인구보다 더딘 속도로 늘어날 것이라고 생각했다. 따라서 고전학파 모형에서는 인구가 증가할수록 경제에서 일인당 실질임금이 하락하게 된다. 하지만 정부가 지적재산권을 강화하고 기초과학에 보조금을 지급한다면, 기술변화를 촉진시켜 노동과 자본의 생산성이 증가함으로써 산출량의 증가율이 높아지고 경제가 빠르게 성장할 수 있다.

3.

인구가 전혀 늘어나지 않고 기술변화가 없는 상황에서 자본축적이 계속되면 한계수확체감의 법칙에 따라서 자본의 한계생산이 계속 줄어든다. 따라서 자본의 수익률과 실질금리가 하락한다. 이런 상황이 계속된다면 실질금리가 0이 되고 이윤이 사라지는 사태까지 이를 수 있다.

4.

(1) Q의 성장률

$= \frac{3}{4}$(L의 성장률) $+ \frac{1}{4}$(K의 성장률) $+ T.C.$이므로

Q의 성장률 $= \frac{3}{4} \times 1 + \frac{1}{4} \times 4 + 1.5 = 3.25\%$

a. 노동의 성장률이 연 0%로 떨어질 경우,

Q의 성장률 $= \frac{3}{4} \times 0 + \frac{1}{4} \times 4 + 1.5 = 2.5\%$

b. 자본의 성장률이 연 5%로 높아진 경우,

Q의 성장률 $= \frac{3}{4} \times 1 + \frac{1}{4} \times 5 + 1.5 = 3.5\%$

c. GDP점유율이 변화한 경우,

Q의 성장률 $= \frac{1}{2} \times 1 + \frac{1}{2} \times 4 + 1.5 = 4\%$

(2) Q/L의 성장률 $= \frac{1}{4}$(K/L의 성장률) $+ T.C.$이므로

Q/L의 성장률 $= \frac{1}{4}(4-1) + 1.5 = 2.25\%$

a. 노동의 성장률이 연 0%로 떨어질 경우,

Q/L의 성장률 $= \frac{1}{4}(4-0) + 1.5 = 2.5\%$

b. 자본의 성장률이 연 5%로 높아진 경우,

Q/L의 성장률 $= \frac{1}{4}(5-1) + 1.5 = 2.5\%$

c. GDP점유율이 변화한 경우,

Q/L의 성장률 $= \frac{1}{2}(4-1) + 1.5 = 3\%$

5.

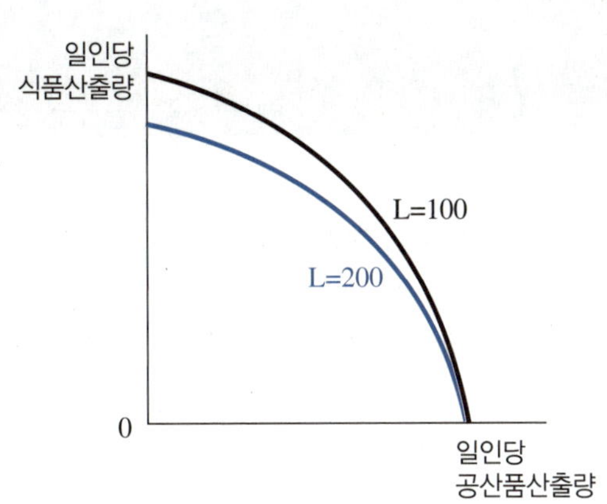

맬서스는 수확체감의 법칙 때문에 인구가 증가할수록 노동의 한계생산이 떨어지고 실질임금이 하락할 것이라 예상하였다. 그래프에서 보면, 인구가 100명이었다가 인구가 200명이 되면 생산가능경계가 안쪽으로 이동한다. 즉, 한 사람이 생산할 수 있는 수준이 낮아지는 것이다. 하지만 기술혁신과 자본투자에 의해서 한계수확체감을 극복할 수 있으며, 현실에서 실제로 노동의 한계생산이 높아지고 실질임금은 상승하였다. 따라서 맬서스의 예측은 잘못되었다.

6.

a. $Q_t = A_tK_t^{\alpha}L_t^{(1-\alpha)}$의 양변에 로그를 취하면
$\ln Q_t = \ln A_t + \alpha \ln K_t + (1-\alpha)\ln L_t$이다.
양변을 t에 대해서 미분하면,
$\dfrac{Q_t'}{Q_t} = \dfrac{A_t'}{A_t} + \alpha\dfrac{K_t'}{K_t} + (1-\alpha)\dfrac{L_t'}{L_t}$가 된다.
$\dfrac{Q_t'}{Q_t} = g(Q_t)$, $\dfrac{A_t'}{A_t} = g(A_t)$, $\dfrac{K_t'}{K_t} = g(K_t)$, $\dfrac{L_t'}{L_t} = g(L_t)$이므로
$g(Q_t) = g(A_t) + \alpha g(K_t) + (1-\alpha)\, g(L_t)$이다.

b. α에 0.75를 대입하면 Q의 성장률 $= \dfrac{3}{4}$(L의 성장률) $+ \dfrac{1}{4}$(K의 성장률) $+ T.C.$와 같아진다.

7.

유달리 생산적인 자본재인 컴퓨터가 도입되면 자본-노동비율이 증가할 것이다. 즉, 컴퓨터의 사용으로 한 사람이 이용할 수 있는 자본이 더 늘어날 것이다. 그런데 노동인구가 고정되어있을 경우 총산출량이 줄어들기 위해서는 자본의 양이 줄어들어야 한다(〈그림 25-3〉 참고). 따라서 컴퓨터가 도입되면 자본의 양이 늘기 때문에 총산출량이 줄어들 수는 없다. 마찬가지로 실질임금이 하락하려면 일인당 자본의 양이 줄어들어 한계생산이 감소하여야 한다. 하지만 컴퓨터의 사용으로 일인당 자본의 양은 증가한다. 따라서 컴퓨터가 도입되더라도 실질임금은 하락하지 않을 것이고 인간이 말처럼 쓸모없어지게 되지도 않을 것이다. 오히려 컴퓨터의 사용으로 일인당 자본의 양이 늘어나 노동의 한계생산이 증가하여 실질임금이 상승할 것이다.

제26장 경제발전에 닥친 문제들

새뮤얼슨의 경제학 [하권] : pp. 306~307

1.

등비수열과 등차수열의 예는 다음과 같다.

등비수열 : 1, 2, 4, 8, 16, 32, 64, 128… (공비가 2인 등비수열)

등차수열 : 1, 3, 5, 7, 9, 11, 13, 15… (공차가 2인 등차수열)

첫째항이 1로 같다고 할 때, 네 번째 항부터 등비수열이 등차수열을 초과하기 시작하여 그 격차가 점점 커진다. 맬서스는 인구가 등비수열 꼴로 증가하고 식량의 공급량은 등차수열 꼴로 성장할 것이라고 주장했다. 따라서 장기적으로 식량공급이 인구증가에 비해 턱없이 부족해져 생활수준이 악화될 것이라고 예측하였다.

2.

예를 들어 인구가 1년 마다 두 배씩 증가한다고 하자. 즉, 처음에 인구가 1명 있었다면, 다음 해부터는 2명, 4명, 8명, 16명, 32명…으로 늘어난다. 그런데 수확체감으로 인하여 식량생산은 노동 투입량 보다 느리게 증가한다고 하자. 예를 들어서 처음의 식량 총생산이 1일 때 다음 해부터 3, 5, 7, 9, 11…으로 늘어난다고 해보자. 그렇게 되면 일인당 식량 산출량은 1, 1.5, 1.25, 0.88, 0.56, 0.34…으로 두 번째 해를 제외하고는 점차 감소한다.

3.

(생략)

4.

경제발전을 추진하는 중요한 네 요소에는 인적자원, 자연자원, 자본, 기술변화와 혁신이 있다. 소득수준이 높은 석유 수출국은 어떻게 부유해진 것일까? 석유라는 자연자원은 오늘날 유용하게 사용되는 자원 중 하나이다. 따라서 석유를 수출하면 막대한 이익을 얻을 수 있다. 이렇게 얻은 이익을 자본축적과 기술발전, 그리고 인적자본에 투자한다면 생산성의 향상과 소득의 증가를 이뤄낼 수 있다.

그렇다면 일인당 자본과 토지, 기술이 매우 저조한 말리 같은 나라는 어떤 희망이 있겠는가? 경제발전을 추진하는 중요한 네 가지 요소는 서로 상호연관성을 맺으면서 빈곤의 악순환을 만들기도 하고 빈곤의 선순환을 만들기도 한다. 따라서 어느 하나에만 투자한다고 해서 악순환에서 벗어날 수 없다. 이런 나라가 빈곤의 덫에서 벗어나기 위해서는 '대약진'이 필요하다. 자본축적에 더 투자하고 건강과 교육수준을 높이는 정책을 실시하며, 동시에 기술 변화와 혁신을 촉진하는 환경을 만들어야 한다.

5.

빈곤의 악순환을 끊어내기 위해서는 '대약진'이 있어야 한다. 어느 한 부문만 손을 대어서는 이 문제가 해결되지 않는다. 따라서 빈곤의 악순환에 빠진 가난한 나라에서는 인적자본을 키우기 위해서 교육과 훈련 기능을 강화시키고 기술 향상의 효과를 보기 위하여 인구도 적정한 수준으로 통제해야 한다. 또한 선진국의 농업기술을 도입하고 자본투자를 하여서 농업부문의 생산성을 향상시켜 다른 분야에 사용될 수 있는 자원을 만들어야 한다. 이러한 동시다발적인 정책이 있을 때, 악순환을 끊을 수 있을 것이다.

6.

후진성 가설에 따르면 개발도상국이 가진 상대적 후진성 자체가 발전에 유리한 점이 될 수 있다. 오늘날 선진국에서는 자본과 숙련기능, 기술이 200년 전에 비해 어마어마하게 발전하였다. 개발도상국은 이렇게 발전한 선진국의 기계 등을 구입하거나 기술을 도입하여서 사용할 수 있다. 따라서 오늘날 개발도상국들은 200년 전에 비해 더 빠르게 발전할 수 있는 가능성이 있다.

하지만 오히려 선진국의 자본과 숙련기능, 기술 수준이 높아지고 복잡해짐에 따라서 그것을 도입하여 경제발전에 이용하는 일이 더 어려워졌을 수 있다. 또한 경제발전에 필요한 금융시스템의 경우도 200년 전에 비해 대단히 발전하고 정교해짐에 따라서 개발도상국이 단숨에 이를 모방하기가 어려워졌다.

7.

단기자금의 투기 공격을 받으면 채무위기로 자금이 갑작스럽게 부족해지는 사태가 터진다. 이렇게 금융부분에 공황이 발생하면 실물부분에도 영향을 미쳐 산출량의 성장률과 실질임금이 하락하게 된다. 단기자금 이동을 제한하면 투기 공격과 같은 위험을 막을 수 있다.

한편, 단기자금 이동을 제한하면 소득이 낮은 개발도상국들은 자본형성에 필요한 자금을 마련하기가 어려워진다는 단점이 있다. 개발도상국들은 소득이 낮기 때문에 저축률이 낮다. 따라서 국내의 저축만으로는 충분한 자본축적이 이루어질 수 없다. 해외에서 자금을 조달하면 이 문제를 해결할 수 있는데, 만약 단기자금 이동을 제한하면 이것이 불가능해진다.

8.

구소련식 통제경제에서 무엇을, 어떻게, 누구를 위해서라는 세 가지 문제는 계획당국이 결정하고 수직적인 통제에 따라 실행된다. 수직 피라미드의 최상층에 위치한 사람들이 세 가지 문제에 관한 포괄적인 결정을 내리고, 아래층에 위치한 사람들은 조금 더 세부적인 계획을 수립하여 집행한다. 개인들은 위에서 내려온 명령을 강제와 법적 제재에 따라 수행한다.

반면, 시장경제에서는 무엇을, 어떻게, 누구를 위해서라는 세 가지 문제를 시장을 통해서 해결한다. 시장에서 자유롭게 행동하는 개인들은 자신의 금전적 이익이나 만족을 극대화하기 위해 행동한다. 기업은 이윤을 극대화하기 위한 생산량을 설정하고, 소비자들은 생산요소를 제공하고 그들의 효용을 극대화할 수 있는 소비량을 선택한다. 기업과 소비자가 자유롭게 행동하는 시장에서 균형이 달성된다. 이 과정을 통해서 "무엇을, 어떻게, 누구를 위해서 생산할 것인가"하는 문제가 해결된다.

9.

a. 개발도상국 가운데 극빈국에서는 자본의 국민소득 점유율이 0에 가깝다. 따라서 $s_K = 0$이라고 할 수 있다. 주된 자원은 농지인데, 농지는 불변이고 기술변화도 거의 없다면, $g_R = 0$, $T.C. = 0$이다. 따라서 $g_Q = s_L g_L$이다. 그런데 $0 \leq s_L < 1$이므로(주된 자원은 농지이고 농지가 산출량 성장에 기여하는 비중이 존재하기 때문에 그만큼을 빼면 이런 부등식이 성립하게 된다), $g_Q = s_L g_L < g_L$이다.

b. 선진국에서는 토지와 자연자원의 국민소득 점유율이 0에 가까울 만큼 낮다. 따라서 $s_R = 0$이라고 한다면 $g_Q = s_L g_L + s_K g_K + T.C.$가 되어서 25장의 성장회계 방정식과 같아진다. 이 식에서 볼 수 있듯이 기술의 변화가 산출량의 성장률에 기여할 수 있기 때문에, 기술발전을 통해서 소득이 정체하는 맬서스 함정을 피할 수 있다.

c. 신맬서스주의자들의 가정을 받아드리면 (기술변화가 정체되어 있을 때) 장기적으로 산출량의 성장률이 둔화될 수 있다. 성장회계 방정식에서 s_R가 커지기 때문에 s_L, s_K이 감소하는 한편, g_R도 낮아지기 때문이다. 하지만 자원의 국민소득 점유율이 상승 중이라는 가정에 의문을 제기할 수 있다. 현재 선진국에서는 토지나 자연자원이 국민소득에서 차지하는 비율이 0에 가깝기 때문이다.

제27장 환율과 국제금융시스템

새뮤얼슨의 경제학 [하권] : pp. 344~345

1.

미 달러화당 통화 단위 수에 역수를 취해서 외국 통화당 미 달러화 단위 수를 구할 수 있다.

0.6039, US $/레알

0.1441, US $/위안

0.0963, US $/페소

1.9786, US $/파운드

1.5704, US $/유로

0.0000000039, US $/짐바브웨 달러

2.

a.

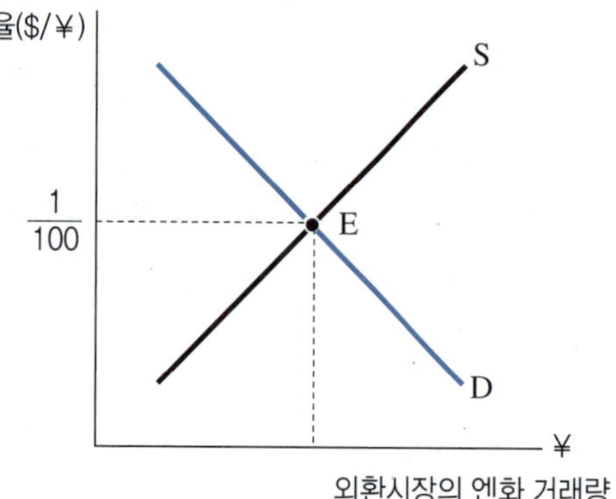

미국과 일본 두 나라만 교역한다고 가정하자. 그렇다면 엔화를 공급하는 사람은 엔화를 달러화로 바꾸어 미국의 재화나 서비스를 구매하려는 사람이다. 따라서 엔화의 공급은 달러화의 수요와 같아진다. 반대로 달러화를 공급하는 사람은 달러화를 엔화로 바꾸어 일본의 재화나 서비스를 구매하려는 사람이다. 따라서 달러화의 공급은 엔화의 수요와 같다. 엔화의 수요, 공급곡선이 만나는 점에서 생기는 엔화의 균형가격(균형환율)은 달러의 균형가격(균형환)의 역수이다.

b.

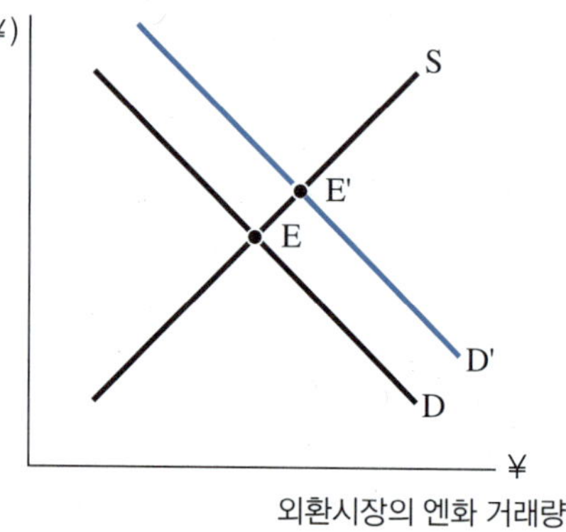

일본 상품에 대한 미국인들의 호감도가 향상되면 엔화에 대한 수요가 증가한다. 따라서 외환시장에서 엔화에 대한 수요곡선이 오른쪽으로 이동하고, 달러화 대비 엔화의 시세는 상승한다.

3.

국제수지표의 대변거래에 속하는 경상계정에서의 거래로는 상품과 서비스의 수출, 내국인이 국외투자로 얻는 수익 등이 있고, 금융계정에서의 거래로는 외국인이 국공채를 매입하는 경우 등이 있다. 차변거래에 속하는 경상계정에서의 거래로는 외국 상품과 서비스의 수입(구매), 외국인이 소유한 국내자산에서의 수익 발생 등이 있고, 금융계정에서의 거래로는 내국인이 외국의 국공채나 주식을 매입하는 거래 등이 있다. 무역수지란 한 나라의 국제수지 중에서 재화의 수입과 수출을 집계한 부분으로, 무역수지 흑자는 재화의 수출이 수입을 초과한 경우를 말한다. 경상수지는 외화의 획득과 지출을 유발하는 모든 거래(재화와 서비스의 수출입, 투자소득의 유출입, 이전소득)를 집계한 것이다.

4.

a. 중국 정부가 달러화를 매입한다는 것은 위안화를 시장에 공급하는 것이다. 중국 정부가 달러화를 매입하면 중국 내 위안화의 양이 증가한다. 국내 통화량이 증가하면 화폐

공급이 증가하여 균형수준에서 금리가 하락한다. 이로 인하여 투자의 기회비용이 줄어들어 투자가 증가하고, 각종 자산가격의 상승으로 부가 증가하여 총수요는 늘어난다. 총수요가 늘어나면 산출량이 증가하고 물가상승률이 높아진다.

b. 물가가 상승하면 중국의 수출품 가격이 높아져서 수출이 줄어들고, 상대적으로 미국에서 들어오는 수입품의 가격이 낮아져 수입이 늘어난다. 즉, 순수출이 감소하는 것이다. 이 과정을 통해서 결국 중국의 경상수지 흑자가 줄어든다.

5.

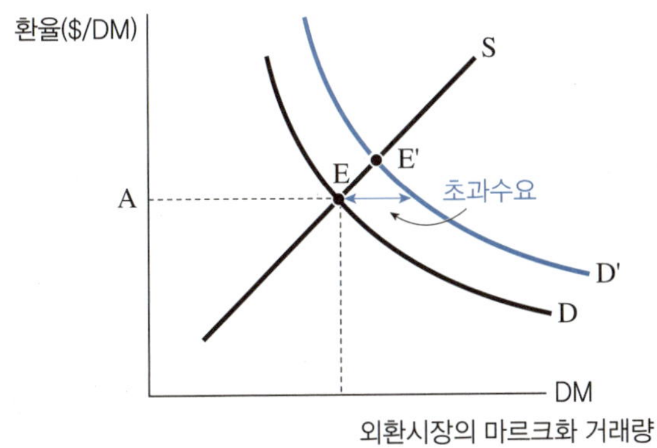

독일이 금리를 인상하면 독일의 자산을 구매하고자 하는 해외 자금이 독일로 유입되면서 마르크화에 대한 수요가 높아진다. 외환시세가 높아지기 전 초과수요는 그래프에 표시되어 있다. 마르크화의 초과수요는 외환시세 상승으로 해결된다. 마르크화의 외환시세가 상승하면 독일의 수출 가격이 상승하고 수입물가가 하락하여 순수출이 감소한다. 따라서 마르크화에 대한 수요가 감소하고 공급이 증가하여 균형에 이르게 된다.

6.

중동의 한 나라에서 갑자기 거대한 유전이 발견되면 이 나라의 무역수지와 경상수지가 급속히 흑자로 돌아선다. 석유 수출을 통하여 막대한 외화를 벌어드릴 수 있기 때문이다. 경상계정 및 금융계정의 수지 합계는 정의상 0이 되어야하기 때문에 경상수지에서 흑자를 본 만큼 금융계정에서 적자를 보게 된다. 즉, 석유 수출을 통해 벌어들인 외화를 가지고 외국의 국공채나 주식 등의 자산을 매입할 수 있게 된다. 따라서 이 나라가 뉴욕의 자산을 취득할 수 있다. 만약 나중에 이 나라가 국내 자본투자를 위해 뉴욕에 취득해둔 자산을 판다면 금융계정에서는 흑자를 보고 경상계정에서는 그만큼의 적자를 본다.

7.

구매력 평가이론은 국가 간에 수출입이 일어나는 교역재의 국내 구입비용과 해외 구입비용이 같아지도록 환율이 움직인다는 것이다. 따라서 구매력 평가이론에 따르면 장기적으로 환율은 국내물가 추이와 해외물가 추이의 차이에 따라 변화하게 된다. 예를 들어 국내의 물가가 높아지면 그만큼 국내 통화의 외환시세는 하락한다.

물가 수준이 다른 나라들보다 높으면, 그 나라의 상품을 사려는 해외시장의 수요가 감소하게 된다. 따라서 외환시장에서 그 나라의 통화의 수요가 감소하여 수요곡선이 왼쪽으로 이동하고 균형점에서 그 나라의 외환가치는 하락한다.

8.

〈국제 수지표〉

(a) 계정항목	(b) 대변 거래	(c) 차변 거래	(d) 대변거래 잔액(+) 혹은 차변거래 잔액(−)
1. 경상계정			
a. 상품	+250	−225	+25
b. 서비스		−25	−25
c. 투자소득			
d. 이전소득			
2. 금융계정			
a. 민간 차입 혹은 융자	+40	−70	−30
b. 정부			
공적준비자산 (국내자산)의 증감			
공적준비자산 (외국자산)의 증감			+30
c. 통계불일치			
3. 경상계정 및 금융계정의 수지 합계			0

9.

a. 고전적 금본위제의 경우, 각 나라가 금의 일정량으로 자국 통화의 가치를 정의하며 이를 바탕으로 금본위제를 채택하는 나라들 간의 고정환율이 생긴다. 이렇게 결정되는 환율은 시장의 힘에 의해서 변화하는 것이 아니라 애초에 정부가 자국 통화의 화폐를 금의 일정량과 동일한 수준으로 정해둔 것에 의해 결정된다. 반면 변동환율제에서는 외환시장에서 통화의 수요, 공급에 의하여 환율이 결정된다. 즉, 환율 결정에 있어서 시장의 역할이 크다. 브레턴우즈 제도에서는 환율을 고정해두지만 조정할 수 있도록 하는 것으로, 환율 결정에 있어서 시장의 역할과 정부의 역할이 모두 중요하다.

b. 고전적 금본위제에서는 환율 변동이 없다. 변동환율제에서는 외환시장의 상황에 따라 시시각각 환율이 변화한다. 브레턴우즈 제도는 기본적으로 고정환율제에 바탕을 둔 것이기 때문에 변동환율제에 비해 환율 변동이 적다.

c. 고전적 금본위제에서 한 나라의 물가가 높아지면 이 나라의 순수출이 줄어든다. 이 과정에서 금이 다른 나라로 유출되어 통화량이 감소하고, 이로 인해 다시 물가가 하락한다. 변동환율제에서는 국가 간의 상대적인 물가 차이는 환율의 변동으로 조정된다. 브레턴우즈 제도에서는 국가 간의 상대적인 물가 차이는 정부가 환율을 조절함으로써 조정된다.

d. 고전적 금본위제 하에서는 국가 간 조정 메커니즘이 정부의 개입 없이도 이루어지기 때문에 환율 결정에 관한 국제적 협력과 협의가 따로 필요하지 않다. 변동환율제도 시장의 수요와 공급에 의해서 환율이 결정되므로 국제적 협력과 협의의 필요성이 적다. 브레턴우즈 제도에서는 기본적으로 환율은 고정되어 있지만 통화의 적정가치와 외환시세 사이의 괴리가 커지면 해당 통화의 평가를 조정할 수 있다. 이렇게 바뀐 환율은 인위적이고 또 지속적으로 적용되는 것이기에 환율 결정에 있어서 국제적 협력과 협의가 필요하다.

e. 고전적 금본위제에서는 환율이 고정되어서 움직이지 않기 때문에 시장의 변화가 환율에 반영되지 않는다. 따라서 환율이 경제적 기초와 비교해 심각하게 어긋나는 사태가 발생할 가능성과 그러한 사태가 지속될 가능성이 높다. 반면, 변동환율제에서는 시장의 힘에 의해서 즉각적으로 환율이 변화하기 때문에 앞에 제시한 상황이 발생할 가능성이 적다. 브레턴우즈 제도는 그 중간이다. 기본적으로 고정환율제이기 때문에 시장의 상황이 환율에 시시각각 반영되는 것은 아니지만, 경제적 충격이 큰 경우 환율을 조정할 수 있는 가능성이 있기 때문이다.

10.

유럽연합은 통화 통합을 통하여 유럽연합에 소속된 국가들 간의 무역에서 발생하는 환율 위험을 감소시키고 통화 불일치에 따른 각종 비용을 없앰으로써 경제 통합을 이루고자 하였다. 그러나 각각의 나라는 통화정책이나 재정정책을 자율적으로 쓰는 데 한계가 있고 유럽연합이 정치적 통합을 이룬 것은 아니기 때문에 유럽연합에 소속된 국가 중 일부국가에만 경기 후퇴가 발생하였을 때 문제가 발생할 수 있다.

제28장 개방경제의 거시경제학

새뮤얼슨의 경제학 [하권] : pp. 382~383

1.

확장적 통화정책의 결과 달러화의 외환시세가 하락하면 수출가격이 하락하고 수입가격이 높아져 순수출이 증가한다. 순수출이 증가하면 총지출-총산출량 평면에서 총지출곡선이 위로 이동한다. 미국이 단기적으로 사용되지 않는 자원이 존재하기 때문에 총지출이 늘어남에 따라 사용되지 않은 자원들을 생산에 투입하면서 총산출량이 늘어난다. 확장적 통화정책으로 금리가 하락하면 투자의 기회비용이 줄어들어 투자가 늘어나는데, 무역을 통해 작용하는 통화정책의 결과 국내총산출량이 증가하면 국내 투자가 더 증가한다.

2.

a. 투자가 1,000억 달러 증가하면 그만큼 소득(임금, 이자 등)이 증가하기 때문에 수입이 증가한다(한계수입성향이 0이 아니라고 가정). 따라서 수출이 일정하다면 순수출은 감소한다. 또한 소득의 증가로 소비가 늘어나면 소비재를 생산하는 사람의 소득이 그만큼 늘어나는 것이기 때문에 GDP가 증가한다.

b. 정부구매가 500억이 감소하면 그만큼 소득이 감소하기 때문에 수입이 감소한다. 따라서 수출이 일정하다면 순수출은 증가한다. 또한 소득의 감소로 소비가 줄어들면 소비재를 생산하는 사람의 소득이 그만큼 줄어드는 것이기 때문에 GDP가 감소한다.

c. 국외 지역의 산출량이 늘어나 수출이 100억 달러 증가하면 순수출은 증가한다. 또한 순수출이 증가하면 소득이 증가하여 소비가 늘어나고 소비재를 생산하는 사람의 소득이 그만큼 늘어나기 때문에 GDP는 증가한다.

d. 통화의 외환시세가 하락하여 GDP의 각 수준에서 수출이 300억 달러 증가하고 수입이 200억 달러 감소하면 순수출은 증가한다. 순수출이 증가한 만큼 국내의 소득은 증가하므로 소비가 늘어난다. 이렇게 되면 소비재를 생산하는 사람의 소득이 그만큼 늘어나기 때문에 GDP는 증가한다.

3.

한계소비성향이 0.8이고 한계수입성향이 0인 경제에서 정부지출과 세금이 없을 때 지출 승수는 다음과 같다.

$$\text{개방경제승수} = \frac{1}{MPS + MPm} = \frac{1}{0.8 + 0} = 1.25$$

한계수입성향이 0.1인 경우의 지출 승수는 다음과 같다.

$$\text{개방경제승수} = \frac{1}{MPS + MPm} = \frac{1}{0.8 + 0.1} = 1.11$$

한계수입성향이 0.9인 경우에는 지출 승수가 다음과 같다.

$$\text{개방경제승수} = \frac{1}{MPS + MPm} = \frac{1}{0.8 + 0.9} = 0.59$$

이렇게 한계수입성향이 큰 경우에는 지출 승수가 1보다 작을 수 있다. 즉, 소득이 증가에 따른 지출 증가분 중 큰 부분이 수입에 누출되는 경우 지출 승수는 1보다도 작을 수 있다.

4.

a. G가 증가하거나 T가 감소하면 총저축이 감소한다. 즉, 총저축곡선이 왼쪽으로 이동한다. 이렇게 되면 국내금리가 세계금리에 비해 높아지기 때문에 해외 자금이 국내로 들어온다. 따라서 국가 통화에 대한 수요가 늘어나 국가 통화의 외환시세가 상승한다. 이에 따라 순수출이 감소한다.

민간 S가 증가하는 경우 국내총저축이 증가한다. 그렇게 되면 국내금리가 해외금리보다 낮아져 국내 자금이 해외로 빠져나간다. 이에 따라 국가 통화의 수요가 감소하여 외환시세가 떨어지고, 순수출이 증가한다.

투자수요가 증가하면 투자곡선이 오른쪽으로 이동한다. 이에 따라 투자가 증가하고 국내금리는 높아진다. 국내금리가 높아지면 해외 자금이 국내로 들어온다. 따라서 국가 통화에 대한 수요가 늘어나 국가 통화의 외환시세가 상승한다. 이에 따라 순수출이 감소한다.

세계금리가 상승하면 국내금리는 세계금리에 비해서 낮아지게 된다. 이로 인해 국내 자금이 해외로 빠져나간다. 따라서 국가 통화의 수요가 감소하여 외환시세가 떨어지고, 순수출이 증가한다.

b.

정책이나 외생변수의 변화	환율의 변화	투자의 변화	순수출의 변화
금리상승	상승	–	감소

투자곡선의 변화 없이 금리가 상승하는 경우, 해외 자금이 국내로 들어오면서 국가 통화의 외환시세가 높아진다. 따라서 수출물가 상승과 수입물가 하락으로 순수출이 감소한다.

〈폐쇄경제의 저축–투자 모델 요약〉

정책이나 외생변수의 변화	환율의 변화	투자의 변화	순수출의 변화
*G*의 증가 혹은 *T*의 감소	–	감소	–
민간 *S*의 증가	–	증가	–
투자수요의 증가	–	증가	–
세계금리의 상승	–	–	–

폐쇄경제의 경우 다른 나라와의 재화나 서비스 혹은 금융의 무역이 존재하지 않는다. 따라서 환율이나 순수출이 존재하지 않고, 세계금리의 상승이 미치는 영향도 없다.

5.

공통통화를 사용하게 되면 사실상 고정환율제가 실시되는 것과 다름없다. 고정환율제 하에서는 차익거래로 인해 나라마다 금리가 비슷해진다. 따라서 경기변동이 나타나는 상황에서도 개별 국가들은 통화정책을 사용할 수 없고, 지역 전체를 관장하는 단일 통화정책만 실시될 수 있다. 이러한 이유로 일부 국가에만 경제적 충격이 발생하였을 때 그 나라가 독자적인 통화정책을 실시할 수 없어 충격이 더 오래 지속될 수 있다.

6.

만약 시장이 공공 토목사업에 1억 달러를 투자하면, 1억 달러만큼 도시 주민들의 소득이 늘어날 것이다. 만약 공공 토목사업 시행 이후 세금이 없다면 1억 달러 중 5,000만 달러를 소비에 지출한다. 그런데 그 중 4,500만 달러는 다른 지역의 상품을 구매하는 데 지출되기 때문에 그 도시에서 생산된 상품에 지출되는 금액은 500만 달러밖에 되지 않는다. 그 도시에서 소비재를 생산하는 사람의 소득이 500만 달러만큼 늘어나는 것이다. 그럼 이 사람이 이 소득을 가지고 또 지출을 하게 될 텐데, 이때 도시에서 생산된 상품에 지출되는 금액은 500 × 0.5 × 0.1 = 25만 달러이다. 이런식으로 이 도시의 총소득 증가분을 계산해 보면,

$$5{,}000{,}000 + 250{,}000 + 12{,}500 + \cdots = \frac{5{,}000{,}000}{1-0.05}$$

= $5,263,158이다.

1억 달러를 투자한 것에 비하면 도시의 산출량과 소득이 크게 증가하지는 않는다.

7.

①

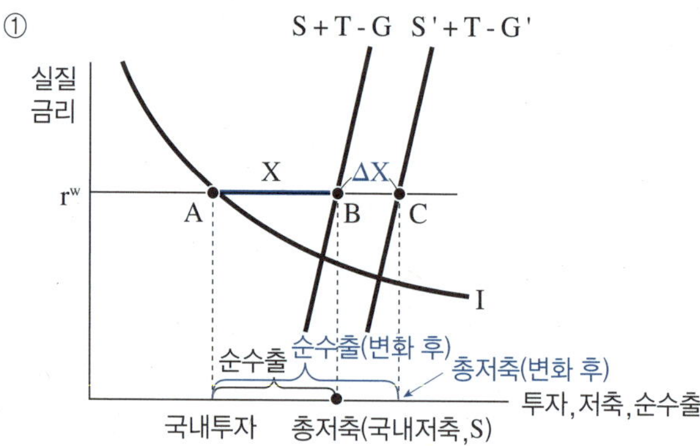

②

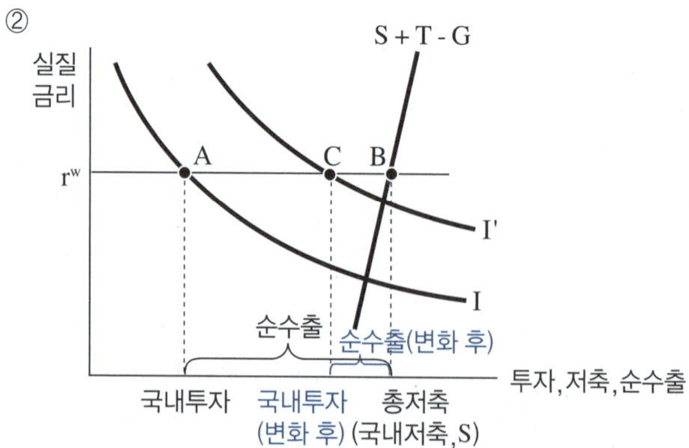

③

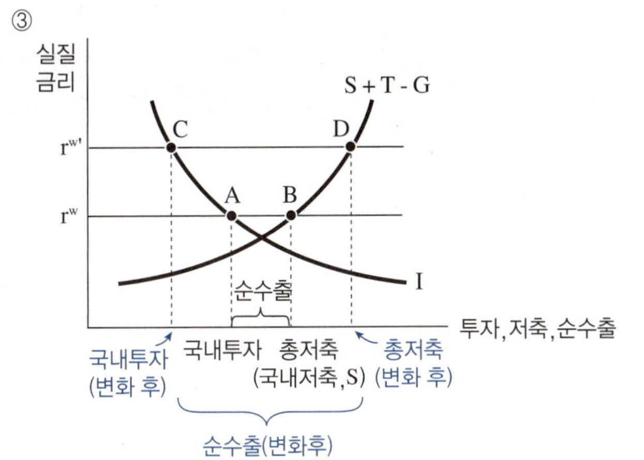

그래프①은 민간저축이 증가하거나 정부지출이 감소하여 총저축이 증가하였을 때 순수출의 증가로 균형에 이르는 과정을 나타낸 것이다. 그래프②는 국내투자가 증가하였을 때 순수출의 감소로 균형에 이르는 과정을 나타낸 것이다. 그래프③은 세계금리가 상승하였을 때 순수출의 증가로 균형에 이르는 과정을 나타낸 것이다.

〈표 28-3〉에 예시된 변화 방향과 반대의 변화가 초래하는 영향을 살펴보자. 우선 재정적자가 감소하면 총저축이 증가하여 국내금리가 하락한다. 해외금리에 비해 국내금리가 낮으면 국내 자금이 해외로 나가려고 하기 때문에 국가 통화의 수요가 감소하여 통화의 외환시세가 하락한다. 이로 인해 수출물가가 하락하고 수입물가가 상승하여 순수출이 증가한다.

민간저축이 감소하면 국내총저축이 감소한다. 그렇게 되면 국내금리가 해외금리보다 높아져 해외자금이 국내로 들어오고자 한다. 이에 따라 국가 통화의 수요가 증가하여 외환시세가 높아지고, 순수출이 감소한다.

투자가 감소하면 투자곡선이 왼쪽으로 이동한다. 이에 따라 국내금리는 해외금리에 비해 낮아지고 국내 자금이 해외로 빠져나간다. 따라서 국가 통화에 대한 수요가 감소하여 국가 통화의 외환시세가 낮아지며, 순수출이 증가한다.

세계금리가 하락하면 국내금리는 세계금리에 비해 높아지게 된다. 이로 인해 해외자금이 국내로 들어오고자 한다. 따라서 국가 통화의 수요가 증가하여 외환시세가 높아지고, 순수출이 감소한다.

8.

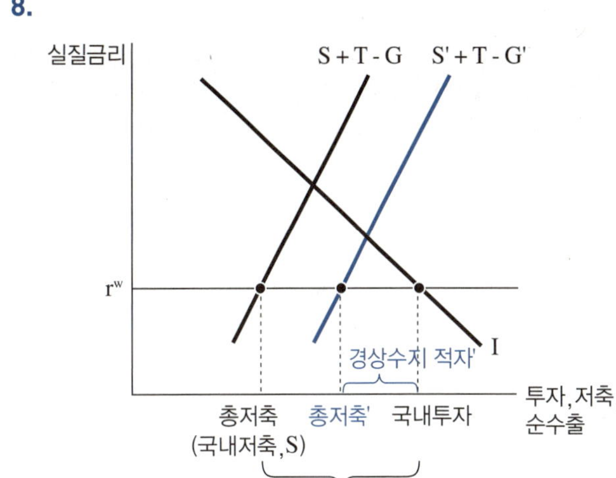

그래프와 같이 국내투자에 비해 국내저축이 부족할 경우 경상수지 적자가 발생한다. 그런데 세금을 인상하거나 정부지출을 줄이면 총저축곡선이 오른쪽으로 이동한다. 이에 따라 국내저축 수준이 늘어나기 때문에 경상수지 적자폭이 줄어들게 된다.

대통령 경제자문위원회의 『2000년 대통령 경제보고』에서 인용한 글을 보면, 무역수지와 경상수지 적자가 그 자체로 좋거나 나쁜 것은 아니라고 하고 있다. 중요한 것은 적자의 원인인데, 오늘날 미국 경상수지 적자의 주된 이유는 미국의 성장률이 높고, 국내 투자율이 저축률보다 높아서 나타난 것이라고 하고 있다. 미국의 경제 성장에 대한 전망이 좋으면 미국에서 투자가 증가할 것이다. 이렇게 되면 국내총저축으로는 투자를 감당할 수가 없다. 따라서 그만큼의 돈이 해외에서 들어오고, 경상수지 적자폭은 확대된다는 것이다.

9.

a.

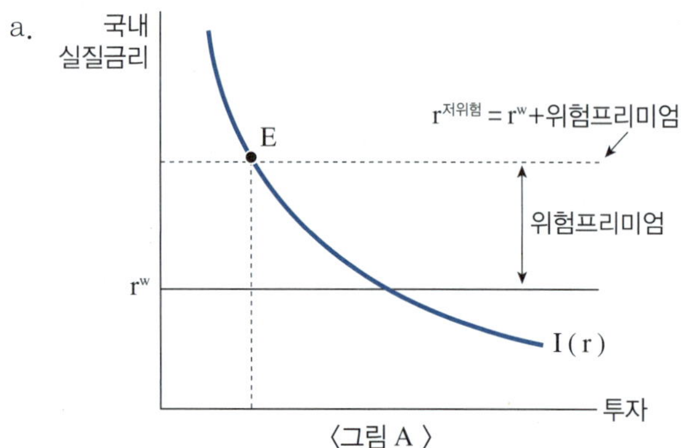

〈그림 A〉

b.

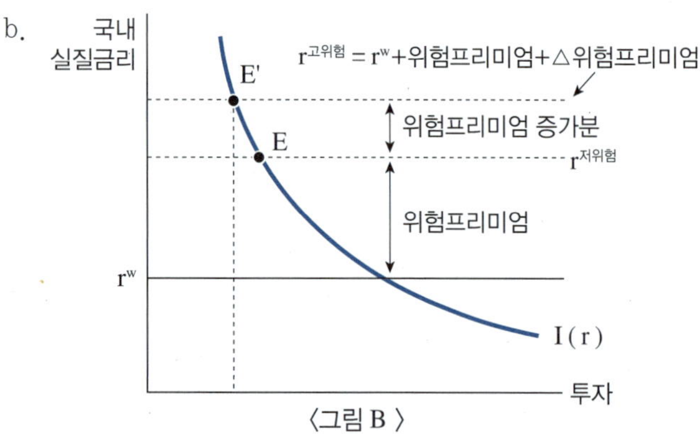

〈그림 B〉

c. 위험프리미엄을 높이는 충격이 발생한 이후 국내 실질금리의 균형수준은 상승하였고 국내투자는 감소하였다. 국내 실질금리가 높아지기 때문에 국내 저축률이 높아지고 투자수준이 낮아진다. 따라서 균형을 찾아가는 과정에서 순수출이 충분히 감소할 때까지 통화의 외환시세는 상승한다.

10.

고정환율제이고 자본이동성이 높은 나라들에서는 차익거래로 인해 나라마다 금리가 비슷해진다. 따라서 만약 큰 나라의 통화에 환율을 고정시킨 작은 나라가 있을 때, 작은 나라는 큰 나라의 통화정책에 따라 금리가 결정된다. 즉, 작은 나라는 독립적인 통화정책을 수행할 수 없다. 이 때문에 벨기에나 네덜란드와 같이 고정환율제를 실시하고 있으며 금융자본의 이동성이 매우 높은 경제에서는 통화정책을 사용할 수 없다. 대신 재정정책의 효과는 클 수 있다. 정부지출이나 조세제도가 변화하더라도 금리가 고정되어 있기 때문에 재정정책의 효과를 상쇄시키는 금융시장의 영향이 발생하지 않기 때문이다.

11.

a. 고정환율제를 실시하고 있으며 자본이동성이 높은 나라들에서는 차익거래로 인해 나라마다 금리가 비슷해진다. 따라서 독일과 같은 큰 나라의 금리가 상승하면 다른 나라의 금리도 따라서 상승하게 된다. 이렇게 금리 상승이 다른 나라로 파급되면서 다른 유럽 국가들도 깊은 경기후퇴에 빠져들었다. 금리 상승으로 투자가 위축되기 때문이다.

b. 유럽 국가들은 유럽통화동맹이 이전의 환율체계보다 낫다고 생각한다. 유럽통화동맹에 가입한 국가들은 유로화를 통화로 사용한다. 이렇게 되면 이 국가들 사이의 환율 변동성은 사라지고, 환율 변동으로 인한 가격의 불확실성이 없어진다. 또한 나라마다 통화가 달라 발생하는 거래비용도 감소한다.

c. 독일 통화의 긴축정책으로 독일의 실질금리가 높아지면 미국을 비롯한 해외 자금이 미국 시장이 아니라 독일 시장으로 들어오고자 한다. 따라서 독일 통화의 외환시세가 상승하고 상대적으로 달러화의 외환시세는 하락한다. 달러화의 외환시세가 하락하면 미국의 수출가격이 하락하고 수입가격이 상승하여 순수출이 증가한다. 순수출이 증가하면 승수효과에 의해서 미국의 국내총생산이 증가한다.

12.

삼각 딜레마는 다음의 세 가지 요소가 양립할 수 없고 어떤 나라든 다음 중 두 가지만 누릴 수 있다는 것이다.

(a) 조정 가능한 고정환율, (b) 자본과 금융의 자유로운 이동, (c) 국내 통화정책의 독립성

(1) 우선 고정환율제 하에서 독자적인 통화정책을 실시하기 위해서는 자본과 금융의 이동이 제한되어야 한다. 고정환율제에서 중앙은행이 금리를 높이고자 한다면, 자본과 금융의 이동이 통화정책의 효과를 상쇄시키는 것을 막아야하기 때문이다. (2) 다음으로 자유로운 자본이동을 보장하고 통화정책

의 자율성을 지킬 수 있지만, 환율을 고정시키지는 못한다. 중앙은행에서 금리를 낮추는 결정을 하면 국내금리가 해외금리보다 낮아지고, 자유로운 자본이동이 가능하다면 국내 자금이 해외로 이동하려고 하면서 통화의 외환시세가 하강하려는 압력을 받는다. (3) 마지막으로 자유로운 자본이동과 안정적인 환율을 누릴 수 있지만, 독립적인 통화정책을 실시할 수 없다. 고정환율제에서 자본과 금융의 이동이 자유롭다면 고정환율제를 실시하는 나라 사이의 금리는 차익거래로 인해 서로 비슷해진다. 즉, 통화정책의 독립성이 확보되지 못한다.

미국 내에서 '캘리포니아에서 유통되는 달러화'와 '텍사스에서 유통되는 달러화'는 같은 화폐이지만 일종의 고정환율제나 마찬가지이다. 하지만 이 경우에는 근본적인 삼각 딜레마가 없다. 최적통화권이란 총수요에 발생하는 충격이 동질적으로 동시에 일어나는 지역을 말하는데, 미국 내 지역은 최적통화권에 속한다. 최적통화권의 경제에 충격이 발생하여 불균형이 생기면 노동의 이동을 통해서 불균형을 해소할 수 있으며, 충격이 동질적으로 일어나기 때문에 최적통화권이 함께 통화정책을 사용하면 된다.

중국에서는 조정가능한 고정환율과 통화정책의 독립성을 택하고 자본과 금융의 자유로운 이동을 막고 있다.

(1), (2), (3)의 장단점에 대해 분석해 보자. (1)은 고정환율제를 실시함으로써 환율변동으로 인한 위험을 제거하고, 독자적인 통화정책으로 경기 변동 시 적절하게 대응할 수 있다는 장점이 있다. 하지만 자본과 금융의 자유로운 이동을 제한함으로써 환율 수준이 시장의 상황을 반영하지 못하는 문제가 발생할 수 있다. (2)는 독자적인 통화정책을 사용할 수 있어서 경기 변동 상황에서 적절하게 대응할 수 있다는 장점이 있다. 그러나 고정환율제가 아니기 때문에 환율변동에 따른 위험이 발생한다. (3)은 고정환율제를 실시함으로써 환율변동으로 인한 위험을 없앨 수 있다는 장점이 있지만, 독자적인 통화정책을 사용하지 못함으로 인해서 경기 변동 시 적절하게 대응할 수 없다는 단점이 있다.

제 7 부
실업, 인플레이션, 경제정책

제29장 실업과 총공급의 토대

➲ 새뮤얼슨의 경제학 [하권] : p. 419

1.

총공급곡선이란 다른 조건이 일정할 때, 물가와 총산출 수준의 조합을 나타내는 선이다. 다시 말해, 물가가 변할 때 각각의 물가 수준에서 생산될 총산출 수준을 나타내는 생산 계획이다. 따라서 *AS*곡선을 따라가면서 산출량을 증가시키는 요인은 물가 상승이다. 그리고 물가 외의 요인이 존재할 때 *AS* 곡선 자체가 이동한다. *AS*곡선 자체를 이동시켜 산출량을 증가시킬 수 있는 요인으로는 잠재산출량 증가 혹은 생산비용의 감소가 있다.

2.

아래 제시된 것 외에도 각자 창의적으로 더 생각해보자.

총공급 감소 요인	
잠재산출량의 감소	– 자본, 노동, 자연자원의 투입의 감소 : 자연재해나 전쟁으로 인하여 공장과 건물이 파괴되고 인구가 감소하며 토지가 황폐화되면 자본, 노동, 자연자원의 투입이 감소하게 되어 잠재산출량이 감소한다. 따라서 총공급이 감소한다.
생산비의 증가	– 많은 사람들이 이민을 떠나 노동 공급이 감소하여 임금이 상승하면 생산비용이 높아진다. 따라서 총공급이 감소한다.

3.

a. 잠재산출량이 증가하면 *AS*곡선은 오른쪽으로 이동한다.

b. 석유가격이 상승하면 생산비가 증가하게 된다. 그러면 *AS*곡선은 왼쪽으로 이동한다.

c. 저축률이 높아지면 자본 공급이 늘어나서 자본시장의 균형점에서는 이자율은 낮아지고 자본량은 늘어난다. 이는 생산비를 감소시키고, 잠재산출량을 증가시킨다. 따라서 *AS*곡선은 오른쪽으로 이동한다.

4.

실업률이 7%이고, GDP가 4조 달러라고 하자. NAIRU가 5%라고 할 때 잠재 GDP를 추정해보자. 잠재 GDP란 실업률이 물가 비가속적인 실업률(NAIRU)일 때 가능한 산출량이다. 따라서 실업률이 5%일 때의 실제 GDP를 *X*라고 하면, 이것은 곧 잠재 GDP이기도 하다. 즉, 실업률이 5%일 때 실제 GDP와 잠재 GDP는 *X*로 같다. 이 *X*값을 오쿤의 법칙을 이용해 구해보자. 오쿤의 법칙에 따르면 실제 GDP가 잠재 GDP보다 2%씩 낮아질 때마다 실업률이 약 1% 포인트씩 높아진다. 실업률이 5%에서 7%로 2% 포인트 오르기 위해서는 실제 GDP가 잠재 GDP보다 4% 낮아져야 한다.

다시 말해, 실업률이 5%일 때

$\frac{\text{실제 GDP}}{\text{잠재 GDP}} = \frac{X}{X} = 100\%$이므로, 실업률이 7%일 때는

$\frac{\text{실제 GDP}}{\text{잠재 GDP}} = \frac{\$4\text{조}}{X} = 96\%$여야 한다.

따라서 $X =$ 약 \$4.17조이다.

만약 잠재 GDP가 매년 3%씩 성장한다면 2년 뒤 잠재 GDP $= \$4.17\text{조} \times 1.03^2 = \$4.42\text{조}$이다. 실제 GDP가 2년 뒤에 잠재 GDP에 도달하려면 매년 약 5.1%씩 성장해야 한다.

[※계산 : $\left(\frac{4.42}{4}\right)^{\frac{1}{2}} - 1 = 0.051$ (소수 넷째자리에서 반올림)]

5.

a. 일자리는 없으나 구직활동을 하고 있으므로 실업 상태이다.

b. 일자리가 없고 구직활동도 하고 있지 않으므로 비경제활동인구이다.

c. 일자리가 없으나 구직활동을 하고 있으므로 실업자이다.

d. 보수를 받고 일을 하고 있으므로 취업자이다.

e. 일자리가 있으나 질병으로 일하고 있지 않은 사람으로 취업자이다.

6.

실업자로 분류되기 위해서는 현재 일자리가 없어야 하고, 조사 시점 이전 4주 동안 적극적으로 구직활동을 했어야 하며, 현재 채용에 응해 일할 수 있는 사람이어야 한다. 하지만 a에서 조안 하워드는 학업 활동으로 인하여 현재 채용에 응할 수 없는 상태이므로 실업자가 아니라, 비경제활동인구로 분류된다. 취업자는 임금을 받고 일을 하거나 일자리를 가지고 있으나 질병, 파업, 휴가 등으로 잠시 일을 중단하고 있는 사람들이다. 제임스는 카페에서 보수를 받고 일하고 있으므로 취업자이다. 엘리스는 현재 일자리가 없고, 현재 시간제 일자리를 구하고 있으며, 학교보다 일자리를 찾는 것이 더 중요해서 현재 채용에 바로 응할 수 있으므로 실업자로 분류된다.

7.

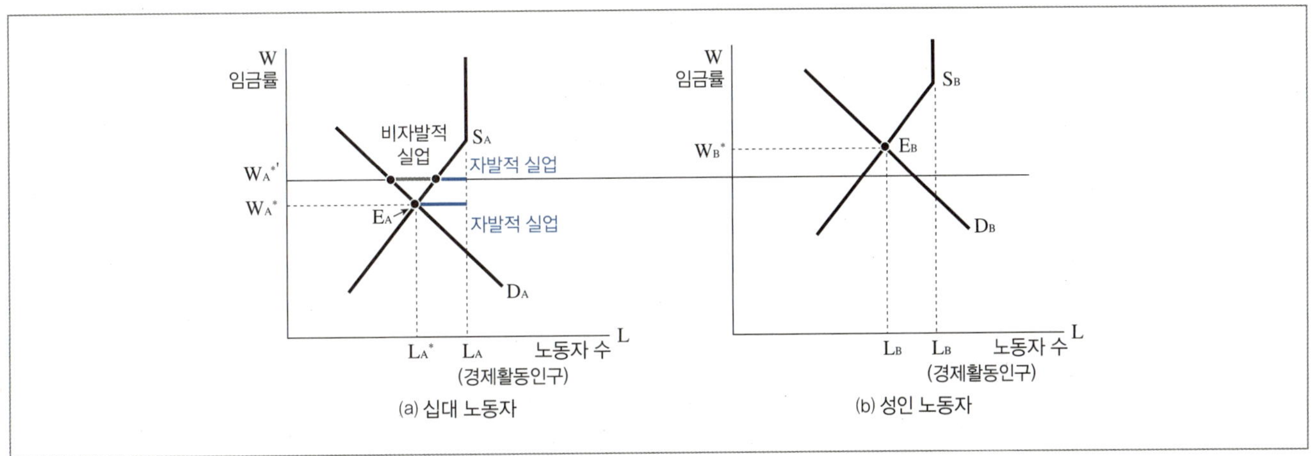

십대 노동자들은 일반적으로 성인 노동자에 비해 생산성도 낮고, 공급도 적어서 십대 노동자들에 대한 수요곡선과 공급곡선은 성인 노동자의 것에 비해 왼쪽에 위치한다. 따라서 성인 노동자보다 고용량과 임금률이 낮다. 만약 정부가 십대 노동자의 청산임금(W_A^*)과 성인 노동자의 청산임금(W_B^*) 사이의 $W_A^{*\prime}$만큼으로 최저임금을 설정하였다고 하자.

십대 노동자는 청산임금보다 최저임금이 높기 때문에 십대 노동자들의 공급과잉이 발생하고 고용이 줄며, 실업이 늘어난다. 이러한 실업은 주어진 임금 수준에서 일자리를 찾고자 하지만 찾지 못하는 상태인 비자발적 실업의 형태로 나타난다. 일자리를 가진 십대 노동자들의 임금률은 상승하지만, 실업으로 인해 소득을 잃는 십대 노동자도 발생한다.

성인 노동자는 청산임금보다 최저임금이 낮기 때문에 최저임금 수준에서는 수요과잉이 발생한다. 그렇게 되면 균형을 향해 가는 시장의 힘으로 인하여 임금률이 상승한다. 따라서 균형은 이전과 같은 수준에서 이루어지며, 고용과 실업, 임금률의 변화는 없다. 이 법안에 대한 판단은 각자 내려 보아라.

8.

(생략)

제30장 인플레이션

새뮤얼슨의 경제학 [하권] : pp. 458~459

1.

- **세금 왜곡** : 금액 기준의 과표에 세율을 매기는 경우 물가가 오르면 실질소득은 변하지 않더라도 금액 기준의 과표가 늘어나 세금을 더 내야하기 때문에 세금의 실질가치가 늘어난다. 예는 「새뮤얼슨의 경제학(하권)」 433페이지를 참고하라.
- **소득과 부의 재분배** : 물가가 상승하면 소득과 부가 채권자로부터 채무자에게로 재분배된다. 물가의 상승으로 인해 빚의 실질가치가 하락하기 때문이다. 예를 들어 A가 B에게 100만원을 빌려서 1년 뒤 갚기로 하였다고 하자. 그런데 1년 뒤 임금이 2배로 뛰었다면 사실 B가 부담하는 실질 비용은 반으로 줄어든다. 즉, B는 이전의 절반만 일해도 빚을 갚을 수 있다.
- **구두창 비용** : 물가가 지속적으로 상승하면 화폐의 가치가 떨어지기 때문에 사람들이 현금 보유량을 줄이고자 한다. 이렇게 현금 보유량을 줄이고 관리하는 데 드는 비용을 구두창 비용이라고 한다. 이러한 구두창 비용에는 시간, 은행 수수료 등이 포함될 수 있다.
- **메뉴 비용** : 가격이 변화하였을 때, 바뀐 가격을 새로 표시하는 데 드는 비용을 말한다. 음식점의 메뉴판에 적힌 가격을 바꾸는 데 드는 비용, 지하철이나 버스 요금 시스템을 바꾸는 데 드는 비용, 가격을 새로 정하기 위해 드는 비용 등이 모두 메뉴비용에 해당한다.

2.

물가가 빠르게 상승하면 화폐의 가치가 그만큼 빠르게 떨어진다. 따라서 사람들은 불환화폐 대신 실물자원을 보유하고자 한다. 이러한 개인의 행동은 스스로에게는 이득이 되는 행동이지만, 사회적 이득은 생기지 않는 것이다. 사람들이 불환화폐를 실물자원으로 바꾸는 과정에서 거래비용이 발생하지만 사회적으로 이득은 생기지 않기 때문에, 그 비용만큼이 물가상승의 사회적 비용이라 할 수 있다.

3.

a. 농산물 가격이 급락하면 농민들의 수입도 덩달아 줄어들게 된다. 그렇게 되면 농민들이 부동산저당대출 이자 및 원금을 갚지 못하여 파산할 수 있다.

b. 일본학생들이 물가상승을 예상하고 대출금의 실질가치가 하락할 것이라 판단하여 대출을 받았다고 하자. 그런데 예상과 달리 물가가 떨어진다면, 대출금의 실질가치가 높아진다. 따라서 일본학생들은 실질가치가 더 높아진 대출금을 갚아나가야 한다. 게다가 임금까지 하락하게 되면 대출금 상환 과정이 더 고통스러울 수 있다.

4.

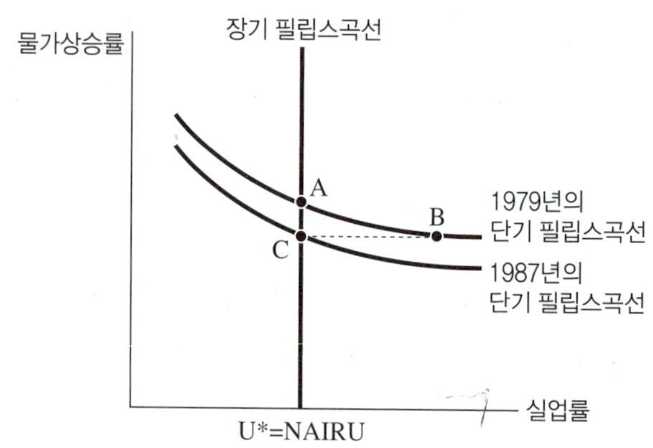

점 A에서는 실업률이 NAIRU 수준이기 때문에 수요나 공급측면에서의 충격이 없어서 물가상승률이 일정한 수준으로 유지된다. 그 후 경기 후퇴로 실업률이 높아진다고 해보자. 그렇게 되면 노동자들의 임금 상승이 제한되고, 수요가 위축되어서 산출량이 줄어들어 생산원가에 보태는 이윤율이 낮아진다. 따라서 임금과 물가의 상승률이 떨어지기 시작한다. 즉, 경제가 기존의 단기필립스 곡선상의 점 A에서 곡선을 따라

점 B로 이동한다. 이 동안은 기대 물가상승률이 변하지 않기 때문이다. 그러다가 기대 물가상승률보다 실제 물가상승률이 떨어지면서 기대 물가상승률이 낮아지고, 이것은 임금 협상과 가격결정에 반영된다. 그 결과 단기 필립스 곡전이 아래쪽으로 이동한다. 이 시기에 다시 경제가 회복하면서 실업률이 NAIRU로 돌아가게 되면 경제는 점 C로 이동한다.

5.

장기적으로 일정한 수준의 실업률이 있다고 하더라도 그것은 '평균'적인 것이기 때문에 매 시점에서는 실업률의 변화가 있을 수 있다. 실업률의 변동은 작을 수도 있지만 때로는 경제에 큰 악영향을 줄 정도로 심각한 수준일 수도 있다. 따라서 '평균'적인 실업률만 보고 단기적인 실업률의 변동을 조정하지 않는 것은 어리석은 생각이다.

6.

(생략)

7.

〈표 30-1〉을 보면, 물가상승률이 0~10%일 때 일인당 GDP 성장률이 연 2.4%로 가장 높다. 다시 말해, 물가상승률이 낮을 때 일인당 GDP 성장률이 가장 높게 나타난다. 그리고 물가가 하락하거나 극한의 물가상승률이 나타나면 경제성장률이 더 낮아진다. 물가가 하락할 경우 통화정책이 무력화될 수 있다. 경기 후퇴기에 물가하락으로 통화정책이 효과를 발휘하기 어려워지면 경제성장률은 떨어진다.(「새뮤얼슨의 경제학(하권)」 428페이지 참고) 한편, 극한의 물가상승률이 나타나는 경우도 경제에 파괴적인 악영향을 끼친다. 이 경우 통화의 실질가치가 급속도로 떨어지고 상대가격이 극도로 불안정해진다. 이렇게 경제가 불안한 상황에서는 기업이 안정적인 생산을 하는 것이 어려워진다.

하지만 이것은 인과의 오류에 해당할 수 있다. 인과의 오류란 사건의 발생 순서를 보고 먼저 일어난 사건이 뒤에 일어난 사건의 원인이라고 생각하는 것이다. 〈표 30-1〉에 정리된 내용도 역사적 사례를 보고 물가상승률과 뒤이은 일인당 GDP 성장률을 정리해 놓은 것이기 때문에, 이 표만 보아서는 물가상승률이 일인당 GDP 성장률의 원인이 되는지 알 수 없다. 제 3의 요인이 있어서 이러한 결과를 가져왔을 수도 있고, 단순히 우연에 의해서 지금까지 역사적 경험이 이와 같이 나타났을 수도 있다.

8.

a. 실업보험에 세금이 붙게 되면 실업자가 실질적으로 받게 되는 실업보험의 금액이 줄어든다. 따라서 일자리를 구하는 사람들 중 일부는 이전에 받고자 하던 임금보다 낮은 임금을 주는 일자리에 바로 취직하는 것이 이득이라고 생각할 수 있다. 이러한 사람들의 노동의 동기가 높아지면 NAIRU는 낮아진다.
b. 연방정부가 지원하는 실업 노동자들의 훈련 프로그램 예산이 삭감되면 NAIRU가 상승할 수 있다. 그간 실업 노동자들의 훈련을 지원하여 그들이 새로운 산업에서 더 나은 일자리를 얻는 데 도움을 주었는데 그것이 사라지게 되기 때문이다.
c. 노동조합에 가입한 노동인구의 비율이 급격히 줄어들면 노동조합에 의해 높게 설정된 임금이 시장균형 수준으로 낮아진다. 그렇게 되면 NAIRU가 낮아질 수 있다.
d. 복지개혁법을 통해 저소득 가구에 지급되는 복지급여를 삭감하고, 그들이 노동을 해서 소득을 벌 때에만 복지급여를 받을 수 있도록 하면 저소득 가구의 근로의욕이 높아져서 NAIRU가 낮아질 것이다.

제31장 거시경제학의 전선

새뮤얼슨의 경제학 [하권] : pp. 504~505

1.

정부채무는 정부가 지고 있는 채무의 저량, 재정적자는 새로운 채무의 유량이다.

a. 재정적자가 발생하면 그만큼 정부가 진 빚의 양이 증가하기 때문에 정부채무가 증가한다.

b. 재정적자가 줄어들면 정부의 채무에 더해지는 새로운 채무의 유량은 줄어들지만, 기존에 쌓여있는 정부의 채무가 줄어들지는 않는다.

c. 정부의 채무를 줄이기 위해서는 재정흑자를 달성해야 한다. 예를 들어 정부의 채무가 10조원일 때 재정적자가 1조원만큼 발생하면 정부채무가 101조원으로 늘어나지만, 재정흑자가 1조원만큼 발생하면 정부의 채무는 99조원으로 줄어든다.

d. 재정적자가 줄어들면 기존에 쌓여있던 정부의 채무에 더해지는 새로운 채무의 양이 줄어든다. 하지만 일정량의 새로운 채무가 더해지기 때문에 정부채무는 늘어난다.

2.

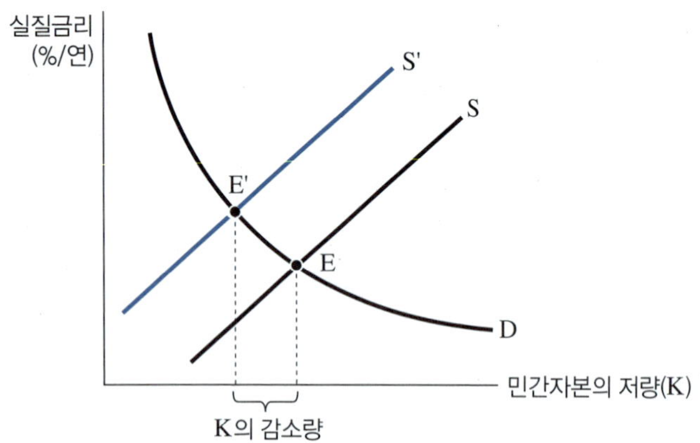

정부채무 외에 정부의 다른 약속도 밀어내기 효과를 발휘할 수 있다. 예를 들어 정부가 미래에 큰 사회보장 급여를 지급하겠다고 노동자들에게 약속한다면, 노동자들은 저축할 유인이 떨어진다. 저축을 덜해도 그만큼을 사회보장급여로 보상 받으면 원하는 생활수준을 누릴 수 있기 때문이다. 이러한 저축의 감소로 민간자본의 공급곡선이 왼쪽으로 이동한다. 새로운 균형점 E'에서는 원래의 균형점에 비해 자본스톡이 감소한다.

3.

a. 문제에 주어진 것과 같은 지출을 할 경우 정부의 채무는 늘어난다. 정부의 지출이 자본장비 구입에 쓰이면서 단기적으로는 자본스톡이 증가하고 승수효과로 인하여 실물산출량도 늘어난다. 그런데 장기적으로 보면 정부채무의 증가로 민간 자본스톡이 감소한다. 이와 더불어 외국에 갚아야 할 이자를 마련하기 위해 세금을 걷는 과정에서 비효율이 발생하여 실물산출량이 낮아지게 된다.

b. a의 경우와 마찬가지이다.

4.

a.

소비
순수출
소비(정부채무가 없을 때)
소비(정부채무가 있을 때)
순수출(정부채무가 없을 때)
순수출(정부채무가 있을 때)
시간
큰 정부채무가
생기는 시점

커다란 정부채무가 있을 경우 그만큼 민간자본이 줄어들어 산출량이 감소하고 임금과 일인당 소비가 줄어든다. 또한 확장적 재정정책으로 인하여 정부채무가 증가한 것이라면, 이로 인해 단기적으로 산출량과 물가가 증가함에 따라 물가 안정을 위해 중앙은행이 금리를 올릴 수 있다. 이렇게 되면 외환시세가 높아져 순수출이 감소한다.

b. 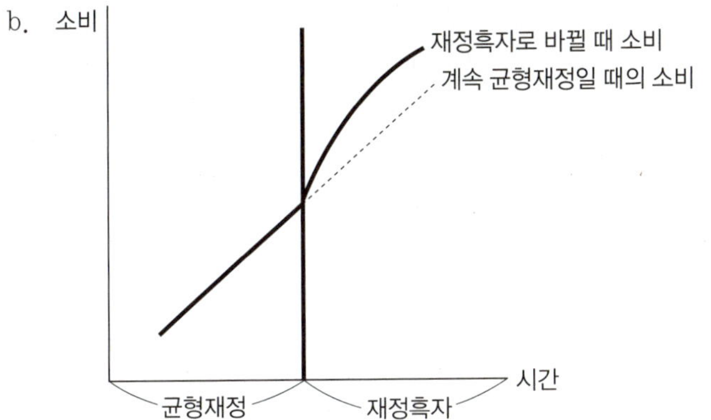

재정흑자가 발생하여 정부채무가 감소하면 민간 자본스톡이 증가하여 산출량이 높아지고 임금과 일인당 소비가 늘어난다.

5.

a. 대공황기에 정부가 군비지출을 늘린 것은 단기적으로 총수요를 증가시키고 산출량을 높이며 실업을 낮추기 위한 것이었다. 따라서 이 상황에서 보면 비둘기파 상원의원의 말이 옳다.

b. 1960년대 초 완전고용 시기에 정부가 세율을 인하하여 GDP가 빠르게 성장하고, 실업률이 낮아졌다. 따라서 이 상황에서 보면 비둘기파 상원의원의 말이 옳다.

c. 베트남 전쟁이 진행되는 완전 고용시기에 정부가 세율 인상을 거부한 것은, 세율이 높아지면 총수요가 낮아져서 산출수준이 낮아지고 실업률이 높아질 것을 우려해서이다. 따라서 이 상황에서 보면 비둘기파 상원의원의 말이 옳다.

6.

(생략)

7.

a. GDP 대비 비중으로 연방 재정적자를 2% 감축하고 그만큼 GDP 대비 투자율을 증가시키면 자본스톡이 더 빠르게 증가하여 향후 10년 동안 잠재산출량은 늘어날 것이다.

b. 연구개발에 대한 연방정부의 보조금을 GDP의 0.5%만큼 증가시킨다면 민간 연구 개발이 활발해지면서 기술진보를 촉진시킨다. 따라서 향후 10년 동안 잠재산출량과 1인당 잠재산출량은 늘어난다.

c. 완전고용상태에서 국방비 지출을 GDP의 1%만큼 감축하면 재정적자 규모가 줄어든다. 따라서 감축이전에 비해서 정부채무는 줄어들기 때문에 민간 자본스톡이 증가하여 향후 10년 동안 잠재산출량은 늘어날 것이다.

d. 이민 유입자를 줄여서 경제활동인구를 5% 줄인다고 해보자. 그리고 이 이민자들이 주로 비숙련 노동자라고 하자. 만약 이들이 국내에 들어오면 비숙련 노동자의 임금이 줄어든다. 또한 이민자들이 소득을 본국에 있는 친인척에게 송금한다면 국내 총수요가 감소한다. 따라서 잠재산출량은 감소할 수 있다. 하지만 이민자들이 본국에 보낸 소득으로 수출품을 구입할 수 있게 되면 순수출이 증가하여 산출량이 증가할 수 있다. 이들의 유입을 줄이면 이와 반대현상이 나타날 것이다.

e. 인적자본 투자를 GDP의 1%만큼 증가시키면, 신기술의 공급을 촉진시켜 기술진보를 장려한다. 이로 인해 향후 10년간 잠재산출량이 늘어날 수 있다.

8.

재량적인 공공사업은 경기침체기에 유용할 수 있다. 재정정책은 경제에 직접적으로 작용한다. 정부가 재화와 서비스를 구매하여 가계와 기업에게 돈을 제공함으로써 총수요를 늘리는 것이다. 또한 경제가 유동성 함정에 빠져서 중앙은행이 단기금리를 인하할 수 없는 상황에서는 재정정책이 현실적이고 효과적인 경기부양책이 될 수 있다.

효과적인 통화정책에 대해서는 각자 생각해보아라.

9.

a. 대폭적인 세금 인하

케인즈주의자들은 대폭적인 세금 인하가 있을 경우 총수요가 증가하여 물가가 상승하고 산출량이 높아지며 고용수준이 높아질 것이라고 예측한다. 새고전학파 경제학자는 가격과 임금은 신축적으로 움직이며 사람들은 합리적 기대를 한다고 주장한다. 따라서 이들은 정부가 재정정책을 실시하기 이전에 이미 시장에서 신축적인 가격 조절로 균형점에 도달한 상태라고 생각한다. 그래서 정부가 재량적으로 세금 인하를 실시하면 오히려 상황을 악화시킬 수 있다고 여긴다. 균형에 도달한 상태에서 세금을 인하하면 비효율이 발생하고 경기가 과열될 수 있다는 것이다.

b. 대폭적인 금리 인하

케인즈주의자들은 유동성 함정에 빠질 경우 금리 인하와 같은 통화정책의 효과가 미미하다고 생각한다. 새고전학파의 주장은 a의 경우와 동일하다.

c. 잠재산출량을 10% 증가시키는 혁신의 물결

케인즈주의자는 *AS*곡선이 우상향한다고 생각한다. 따라서 혁신이 생길 경우 *AS*곡선이 오른쪽으로 이동하여 물가는 하락하고 산출량은 증가한다. 산출량이 증가하면 고용도 늘어난다.

새고전학파 거시경제학자는 임금과 물가가 신축적이라고 생각하므로 *AS*곡선은 잠재산출량 수준에서 수직이라고 본다. 따라서 잠재산출량을 증가시키는 혁신이 생길 경우 *AS*곡선은 오른쪽으로 이동하여 물가는 하락하고 산출량은 증가한다. 산출량이 증가하면 고용도 늘어난다.

d. 수출의 급증

케인즈주의자는 *AS*곡선이 우상향한다고 생각한다. 따라서 수출의 증가로 총수요가 늘어나면 물가는 상승하고 총산출량이 늘어난다고 생각한다. 산출량이 늘어나면 고용도 늘어난다.

새고전학파 거시경제학자는 임금과 물가가 신축적이라 생각하므로 *AS*곡선이 잠재산출량 수준에서 수직이라고 본다. 따라서 수출이 증가하여 총수요가 늘어도 물가만 상승할 뿐 총산출량에는 변화가 없을 것이라고 예측한다. 따라서 고용 수준에도 변화가 없다.

10.

a. 정부가 1년 동안 200억 달러에 상당하는 일회적 세금인하를 제안했다. 이에 따라 적응적 기대를 형성하는 소비자들은 가처분소득이 연간 200억 달러 늘어날 것이라고 가정한다. 그러면 소비자들은 늘어난 소득인 200억에 한계소비성향을 곱한 만큼 소비를 늘릴 것이다. 그렇게 되면 소비재를 생산하는 사람들의 소득이 늘어나고, 이들은 다시 자신의 소득의 증가분에 한계소비성향을 곱한 만큼 소비를 늘린다. 이런 식으로 반복되면 소비지출과 GDP는 200억 달러 이상 증가하게 된다.

b. 만약 소비자들이 합리적 기대를 하여 평생소득이 연간 20억 달러만큼 증가할 것이라고 판단한다면, 세금인하에 따른 승수효과로 소비지출과 GDP가 증가하는 것이 a에 비해 1/10정도로 작은 수준일 것이다. 따라서 합리적 기대를 할 경우 일시적 세금인하의 유효성이 떨어진다.

c. 리카도적 재정정책 관점에 따르면 세율 변화는 소비지출에 아무런 영향을 미치지 못한다. 왜냐하면 소비자들은 아주 먼 미래까지 내다보고 행동하기 때문이다. 예를 들어 지금 정부가 세금을 인하하지만 지출은 그대로 유지한다면, 정부의 차입이 늘어난다. 그러면 미래에 언젠가는 그 빚을 갚기 위하여 세금을 인상해야 한다. 이것을 모두 염두에 두고 행동하는 소비자들은 현재 세금을 인하할 경우, 미래에 세금 인상에 대비해 저축을 늘린다. 결과적으로 소비자들의 지출은 변하지 않는다.